OUTFIT
OF THE DAY

*Fashion-Styles
für jede Stimmung*

SOFIE VALKIERS

OUTFIT OF THE DAY

*Fashion-Styles
für jede Stimmung*

Fotos: **MARCIO BASTOS**

PRESTEL
München • London • New York

INHALT

6–9
VORWORT

10–11
FRAGEN & ANTWORTEN

12–13
KLEIDE DEINE STIMMUNG

14–23
MOOD 1
OFF-DAY

24–35
MOOD 2
POWER DRESSING FÜRS BÜRO

36–45
MOOD 3
SUN IS OUT

46–57
MOOD 4
PARTY MIT DEINEN BESTIES

58–67
MOOD 5
LAZY SUNDAY

68–79
MOOD 6
GLAMOURÖS

80–89
MOOD 7
ROMANTIC
DATE NIGHT

90–103
MOOD 8
SUMMER BREAK!

104–115
MOOD 9
COSY WINTER TIME

116–127
MOOD 10
ON A BUDGET

128–139
MOOD 11
ZURÜCK ZUR NATUR

140–155
MOOD 12
SPORTY CHIC

156–157
SCHLUSSWORT

158–159
DANK

VORWORT

Zunächst möchte ich sagen, dass ich es kaum glauben kann, dass du jetzt mein zweites Buch liest! Als vor einigen Jahren mein *Little Black Book* erschien, hatte ich nicht mal im Traum damit gerechnet, was es auslösen würde. Ich hatte da nicht nur sehr viel Herzblut hineingesteckt, sondern auch so manche Nachtschicht ☺), aber die Reaktionen übertrafen all meine Erwartungen. Heute ist das Buch ein Bestseller (igitt!). Es wurde in drei Sprachen übersetzt (sogar ins Japanische!) und ist international erhältlich. Wahnsinn! Ich freue mich sehr, dass sich so viele von euch für meinen Weg, meine Ideen und meine Liebe für Mode interessieren – die Basis von allem.

Und jetzt sitze ich wieder hier – vor einem leeren Blatt und mit Abertausenden Gedanken, die ich mit euch teilen möchte. Buchautorin zu sein, ist fantastisch, aber auch ein wenig beängstigend. Man teilt Persönliches mit der ganzen Welt und läuft dabei immer Gefahr, nicht verstanden zu werden. Für dieses Buch war mir Folgendes wichtig: Es sollte echt und tiefgründig sein, denn es handelt schließlich von etwas ganz Echtem und Persönlichem – von einem Gefühl. Wieso macht man das? Wieso schreibt man ein Buch über Stimmungen, Moods und Mode? Na ja – weil es sich gut anfühlt? Aber nicht nur das …

FEELIN' MYSELF?
Auf meine Intuition konnte ich mich schon immer verlassen. Natürlich bin ich ein rastloser Mensch, mache mir permanent Gedanken und wache jeden Tag um sechs Uhr auf (ja, noch vor meiner Katze!) – und das mit einem Kopf voller Ideen, Listen und mit großen Plänen. Dennoch bin ich im Grunde eher ein Gefühlsmensch.
Jede wichtige Entscheidung in meinem Leben – privat oder beruflich – habe ich aus dem

Bauch heraus getroffen: Einen Monat nach unserer ersten Begegnung zog ich mit meinem Freund nach Brasilien. Bei einer *All-black*-Modenschau trug ich ein knallrotes Kleid. Ich habe Antwerpen als Wohnort gewählt und nicht die großen Modemetropolen wie Paris oder NYC und bin damit nicht dem Beispiel anderer internationaler Blogger gefolgt. All das habe ich gemacht, weil es sich gut angefühlt hat.

Schon vor sieben Jahren habe ich beschlossen, meine Liebe für Mode und Wellness mit der

Welt zu teilen (unglaublich! ☺), und in der Zeit hat sich unheimlich viel verändert! **Die Modewelt und sozialen Medien zählen zu den Bereichen, die sich am rasantesten verändern** und uns tagtäglich andere Must-haves, pfiffige Labels und neue Influencer bescheren.

Wenn ich daran denke, dass ich schon mit weltberühmten Modehäusern wie Chanel, Dior, Louis Vuitton oder YSL zusammengearbeitet habe und in renommierten Magazinen wie *Vogue*, *Elle* und *Harper's Bazaar* gewesen bin, muss ich mich ab und zu zwicken. Bin ich das? Ist das mein Leben? Ganz zu schweigen von den zahllosen inspirierenden Begegnungen mit Top-Designern wie Diane von Fürstenberg, Michael Kors oder Raf Simons, den vielen tollen Fotosessions und fantastischen Reisen. Im letzten Jahr war ich kaum zu Hause – pausenlos unterwegs, um herrliche Orte von meiner Must-see-Liste zu streichen: vom Roadtrip durch Kalifornien über Klassiker wie Paris, NYC und London bis hin zu exotischen Zielen wie Thailand und meinem heiß geliebten Brasilien – unvergessene Abenteuer!

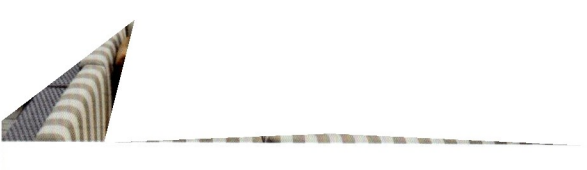

Und dann war da noch der Launch meiner eigenen Lifestyle-Linie SANUI – das Persönlichste all meiner Projekte bislang. Ich wollte schon immer eigene Produkte auf den Markt bringen – Produkte, die ganz und gar „Sofie" sind. Nun bin ich stolz darauf, dass unsere Duftkerzen und Accessoires meine Auffassung von Luxus, Wellness und gesundem Leben widerspiegeln – und ich kann es kaum erwarten, die Linie zu erweitern (wir haben irre Pläne! ☺).

Oft werde ich gefragt, wie es mir gelingt, in einer sich so rasant verändernden Umgebung ich selbst zu bleiben. In einer Umgebung, die pausenlos erwartet, dass man sich selbst neu erfindet – aber bitte ohne Verlust des eigenen *signature style*. Die Antwort ist ganz einfach: Ich beuge mich nicht dem Druck derjenigen, die meinen zu wissen, was ich zu tun habe. **Seit dem frühen Anfang von** *Fashionata* **mache ich einfach das, was mir gefällt – und lasse mich dabei nur von meinen Sinnen und meinem Gefühl leiten.** So entstand auch SANUI: Es sind die hochwertigen Materialien, die betörenden natürlichen Düfte und die kräftigen Farben, die meine Sinne anregen. Das heißt nicht, dass dieser Weg immer einfach war. Ich würde sogar sagen: Je persönlicher etwas ist, umso schwerer lässt es sich mit dem Rest der Welt teilen. Und genau das zählt zu den am meisten unterschätzten Aspekten bezüglich der Arbeit von Influencern: ein Gleichgewicht zu finden zwischen dem, was man teilt, und dem, was man für sich behält. Onlineplattformen wie *Fashionata* existieren natürlich noch gar nicht so lange, und weil man irgendwie so „hineinwächst", glauben viele Menschen, dass Influencer keinen echten Plan haben. Ich bin wirklich sehr dankbar für alles, was ich dank *Fashionata* machen, sehen und schmecken durfte, nur, von selbst kam das alles nicht: Es war ein hartes Stück Arbeit. Ich wollte schon immer eine Inspirationsquelle sein für meine fantastischen Leser und dazu gehört nun einmal auch, der Kehrseite des Glamours wenig Raum zu bieten, den peinlichen, langweiligen und frustrierenden Dingen wie einen Flug zu verpassen, im Stau zu stehen, den Lieblingspullover zu zerreißen bis hin zu richtigen Herausforderungen wie körperlicher Schwäche, dem Verlust eines Verwandten oder dem Ärger über eine Fehlentscheidung. **Und wie schafft man es, dass etwas, das als Plattform für die eigenen** *fashion crushes* **begann, für andere inspirierend ist und man sich selbst dabei treu bleibt?** Nun, wenn es etwas gibt, das ich in all der Zeit gelernt habe, dann das: Auf diese Frage gibt es nicht die eine richtige Antwort. Ich habe mich einfach auf mein Bauchgefühl verlassen, und das hat zum Glück funktioniert. Wenn man sich in einer sich so rasant verändernden Welt nicht mehr auf sein Gefühl verlassen kann, dann ist man verloren – davon bin ich überzeugt. Mein Gefühl war von Anfang mein Wegweiser. Und obwohl ich mich in all den Jahren stark verändert und auch Fehler gemacht habe (*dare to fail, remember?*), ist meine Basis gleich geblieben.

UND HEUTE?
Still living the dream, baby!!

FRAGEN & ANTWORTEN

DAS ERSTE GEFÜHL NACH DEM AUFSTEHEN
Ich weiß, es hört sich schlimm an, aber ich denke immer sofort an all die Dinge, die ich von meiner To-do-Liste streichen möchte. Zen ist das gewiss nicht, nur: Was soll ich machen?

LIEBLINGSSINNE
Hmm, das ist nicht einfach, denn ich bin sehr sinnlich. Aber wahrscheinlich sind **Sehen** und **Schmecken** meine Lieblingssinne. Schöne Farben machen mich glücklich und meine Vorliebe für köstliches und gesundes Essen wird vermutlich nie verschwinden.

FEEL-GOOD-FOOD
Ganz einfach: Mit einer schön verpackten Tafel **Bitterschokolade** macht man mich zum glücklichsten Menschen der Welt! ☺ Die hippen Acai-Bowls mit tiefgefrorenem Mischobst und hausgemachter Granola liebe ich ebenfalls sehr.

DAS NOSTALGISCHSTE KLEIDUNGSSTÜCK
Die **Monogrammtasche von Louis Vuitton**, die meine Mutter mir zum 16. Geburtstag geschenkt hat, und der handgefertigte **Schmuck**, den ich in **Brasilien**, der Heimat meines Freundes Marcio, entdeckt habe.

DAS SCHLIMMSTE GEFÜHL
Ich kann **Lügner** nicht leiden. In der Modewelt wird andauernd gelogen – schöner Schein, wer kennt das nicht. In dieser Hinsicht bin ich extrem empfindlich. Mir ist es lieber, man sagt mir einfach die Wahrheit ins Gesicht. *I'm a big girl*, das halte ich schon aus.

TOP-PRODUKT FÜR EMPFINDLICHE HAUT
Ich habe eine supersensible Haut: Im Nu habe ich kleine rote Flecken oder einen Sonnenbrand. Deshalb gebe ich gern Geld für hochwertige Hautprodukte aus, vorzugsweise auf natürlicher Basis, wie etwa die Produkte von **May Lindstrom** und **Tata Harper**.

FEEL-GOOD-PLACE
Itacaré, ein Fischerdorf in Bahia (Brasilien), zählt zu meinen Lieblingsorten weltweit. Ich war dort zum ersten Mal mit meinem Freund, kurz nachdem wir uns kennengelernt hatten. Der Duft frischer Kokosnüsse, das Salz des Meers in der Luft und die schneeweißen Strände haben sich für immer in mein Gedächtnis eingebrannt!

DAS TIER, DAS SICH AM BESTEN ANFÜHLT
Katze! Ich bin hin und weg von meinem großen, grauen, etwas ungeschickten Kater Bobke, und ich bin mir sicher: Er versteht alles, was ich ihm sage. ☺

ALLERBESTES GEFÜHL EVER
Nach einem langen Flug an einem Ort zu landen, den man zum ersten Mal besucht. Ein magisches Gefühl, alle Sinne sind dann bis zum Äußersten gespannt – etwas Besseres gibt es nicht.

KLEIDE DEINE STIMMUNG

Yes	No
MIX IT UP	**MODE-UNIFORM**
Uniformen wurden erfunden, um Menschen ein identisches Erscheinungsbild zu geben: nicht wirklich spannend, oder?	
EIGENART	**TYPEN & FOLLOWER**
Jeder Mensch ist einmalig. Wieso sollte man dann wie jemand anderes aussehen wollen?	
MORE IS MORE	**BASIC**
Mit dem Kauf schöner Accessoires und besonderer Gadgets kann man sich am allerbesten aufheitern!	
KAUFEN NACH STIMMUNG	**KAUFEN NACH GELEGENHEIT**
Ein Outfit, das perfekt zu deiner aktuellen Stimmung passt, ist immer die richtige Wahl.	

KLEIDE DEINE STIMMUNG

Da du jetzt weißt, wie wichtig mir das Bauchgefühl ist, wird dich **mein ultimativer Stil-Tipp vermutlich nicht überraschen: Folge deinem Gefühl**. Und das meine ich im wahrsten Sinne des Wortes: Wenn du morgens nach dem Aufstehen vor dem Kleiderschrank stehst, dann sollte deine erste Frage lauten: **Worauf habe ich heute Lust?** So einfach ist das! Poppige Farben und auffällige Prints für ein wichtiges Meeting im Büro? Ein schickes Kleid mit gewagtem Schnitt für den Wocheneinkauf im Supermarkt? Deine Lieblingsjeans oder ein Oversized-T-Shirt zum Feiern am Abend? Warum nicht! **Solange die Garderobe deinem Typ entspricht und du die richtigen Styling-Tricks draufhast, kannst du alles tragen – egal zu welchem Anlass**. Ach ja, das solltest du unbedingt vermeiden: das Outfit am Vorabend auswählen. Kein Tag ist gleich: Hattest du am Montag noch Lust auf Leopardenmuster, ist das am Dienstag vielleicht schon vorbei.

Meine Grundsatzregel Nummer eins bei der Auswahl meines Outfits lautet: „dressing my mood": Egal, ob ich ein Outfit für einen häuslichen Filmeabend mit meiner Katze auswähle, für den Flug zu jenem Ort, den ich schon immer besuchen wollte, für einen Abend mit meinen besten Freundinnen, für eine wichtige Fotosession bei Chanel oder für den Moment, in dem ich in Cannes den roten Teppich betrete – immer folge ich meinem „mood of the day" (MOTD). **Aber es kann durchaus eine Herausforderung sein, den perfekten Look mit deinem MOTD in Einklang zu bringen**. Welcher Stoff, welche Farben, welcher Duft passen am besten dazu, wie du dich heute fühlst? Welche Stilikone, welche Orte und vor allem welche Mode- und Beautyklassiker werden dafür sorgen, dass du dich pudelwohl fühlst –, und zwar den ganzen Tag lang?

MOOD 1

OFF-DAY

> Mode ist die Rüstung, um die Realitäten des Alltags zu überleben.

BILL CUNNINGHAM

BASIS

Manchmal weiß man gleich nach dem Aufwachen, dass der Tag nichts werden kann. Wenn man keine Lust hat, das Bett zu verlassen, ist die Wahrscheinlichkeit groß, dass man auch nicht gerade in der Stimmung ist, lange über ein passendes Outfit nachzugrübeln. Aber denk daran: **Mode** bedeutet **Spaß** und mit dem richtigen Look fühlst du dich einfach besser – *pinky promise*!

MOODS & STYLING-TIPPS

Mood	*Style it!*
ICH BLEIBE IM BETT!	**OVERSIZED-SHIRT VON VÊTEMENTS**

Gute Nachricht für alle, die keine Lust haben, das kuschelig-warme Bett zu verlassen: einfach ein **Oversized-T-Shirt** als Minikleid oder zur Lieblingsjeans anziehen. Das ist fast so **bequem** und **tröstlich** wie eine warme Decke. Für die passenden Schuhe gilt das Gleiche: nur in **bequeme Loafers** steigen und los geht's.

ICH HABE NICHTS ZUM ANZIEHEN	**SWEATSHIRT VON KENZO**

Sweatshirts sind nicht nur bequem, sondern **vorteilhaft** und **multifunktionell**. Außerdem passen sie genauso gut zu einer Hose wie zum Rock oder Kleid. Natürlich gibt es Bonuspunkte für Exemplare mit einem fröhlichen Print!

HELP, WEEKEND HANGOVER!	**OVERSIZED-SONNENBRILLE VON DIOR**

Für Tage wie diese gibt es zwei Schlüsselbegriffe: **Privatsphäre** und **inkognito**. Und wenn du mich fragst, gibt es keine stilvollere Möglichkeit, beide in deinen Look zu integrieren als mit einer **schönen großen Sonnenbrille**. *Very Hollywood, yes ...*

EIN ÜBERRASCHENDER REGENSCHAUER	**TRENCHCOAT VON BURBERRY**

Off-days sind Tage, an denen nichts gelingt: Der Kaffee ist aus, du gerätst in einen Megastau (obwohl du ohnehin schon zu spät dran bist), es gibt Streit mit den Kollegen und ja, zu allem Überfluss geht auch noch ein heftiger Regenschauer nieder, als du gerade das Haus verlässt. Also: *better safe than sorry!* Wer in aller Früh schon erkennt, dass dunkle Wolken aufziehen (Wortspiel!), sollte sich am besten für einen **zeitlosen Trenchcoat** entscheiden, der **klassische Schutz** vor widerspenstigen Launen **von Mutter Natur**.

BEAUTY

HAAR
Nein, heute ist nicht der richtige Tag, um mit deinen Haaren herumzuexperimentieren. Deshalb: kein Risiko eingehen und einfach den bewährten Passt-immer-Klassiker wählen, **den Pferdeschwanz**!

MAKE-UP
Minimal, aber mit Pep. Denn Lust, viel Zeit in dein Make-up zu investieren, hast du an so einem Tag gewiss nicht, auch wenn ein wenig Farbe nicht verkehrt wäre. **Rote Flecken und Unreinheiten** kannst du mit deinem Lieblings-Concealer oder einer dünnen Schicht BB Cream **verbergen**. Und der schnelle Feinschliff? Wie wär's mit einer knalligen Farbe auf Lippen oder Nägeln?

BEAUTY-PRODUKT NR. 1
Mit einem **Root Spray** wird dein Pferdeschwanz problemlos voluminös und *messy*.

3 THINGS TO DO TODAY

Wahrscheinlich würdest du heute am liebsten gar nichts machen, aber glaub mir, du wirst dich sofort besser fühlen, wenn du auf andere Gedanken kommst! Konzentrier dich einfach auf simple kleine Aufgaben, deren Erledigung dich zufrieden macht: zum Beispiel Bett frisch beziehen, Pflanzen gießen, Muskeltraining oder Nachtisch zubereiten! Also: raus aus der Koje!

AUFSTEHEN
Ein echter *off-day* beginnt leider meistens im Bett. Das heißt: Das Schwerste, das du heute zu bewältigen hast, ist … genau: aufstehen. Mein Tipp? Stell den Wecker eine Viertelstunde früher als nötig und **lass sofort Licht und frische Luft in dein Zimmer strömen, sobald der Wecker klingelt**. So kannst du dich langsam mit dem Tag anfreunden und bekommst die nötige Energie, um das Bett zu verlassen.

AT HOME WORK-OUT
Es stimmt tatsächlich: **Ein anstrengendes Work-out setzt Stoffe in deinem Körper frei, die dafür sorgen, dass du dich besser fühlst**. Ganz abgesehen von der Befriedigung, die es mit sich bringt. Logisch, dass man an einem *off-day* keine Lust hat, sich ins Fitnessstudio zu schleppen oder im Park joggen zu gehen (anderen Menschen zu begegnen, ist heute nicht angesagt), also … lang lebe das Internet! Denn dort findest du 1001 supermotivierende Fitnessprogramme, die dich Schritt für Schritt zu einem festeren und gesünderen Körper lotsen. Mein Favorit ist auch Amerikas Favorit: **Sweat with Kayla**.

DEINE LIEBLINGSNACHSPEISE MIT SCHOKOLADE
Noch so ein altbewährtes Wohlfühlmittel: Schokolade! Am besten und intensivsten ist die Bitter-Variante (mindestens 75 % Kakao und wenig Zucker). Dieses einfache und super-leckere Rezept bietet sich an, wenn du heute keine große Lust hast, in der Küche zu stehen. Und: Es macht gar nichts, wenn du dir ein bisschen mehr davon gönnst …

WOHLFÜHL-BROWNIES
MIT MANDELMEHL
———

FÜR 6 STÜCK
- 100 g Butter
- 100 g Bitterschokolade (mind. 75 % Kakao)
- 50 g Rohrohrzucker (oder ein anderes Süßungsmittel wie Agavensirup)
- 2 Eier
- 100 g Mandelmehl (Bioladen)
- 1 TL Backpulver

Sechs Mulden einer Muffinform mit etwas Öl einfetten. Den Ofen auf 180 °C vorheizen. Butter und Schokolade in einem kleinen Topf unter Rühren zergehen lassen (Schokolade brennt schnell an!). Topf vom Herd nehmen. Erst Zucker und Eier dazugeben, dann Mandelmehl und Backpulver und alles gut vermischen. Den Teig auf die Mulden verteilen und die Brownies 20 Minuten im Ofen backen, bis sie durchgebacken, aber noch weich sind. Sind sowohl kalt als auch warm köstlich.

PS: Nicht kalorienreich genug? Dann einfach noch einen Löffel Erdnussbutter unter den Teig mischen.

INSPO KIT
FARBE
Klar, dass man an einem typischen *off-day* lieber zu Grau oder Schwarz greift, aber eigentlich wären **fröhliche Farben** wie Knallrosa, Pastellblau oder Gelb – die Gute-Laune-Farbe schlechthin – viel besser. Mich macht ein **Ombré-Farbverlauf**, bei dem eine Farbe in die nächste übergeht, immer ganz schnell fröhlich. Das gefällt mir so gut, dass ich das auch für meine SANUI-Accessoires (Schmuck und Schlüsselanhänger) ausgewählt habe. Ein super Pep!

MATERIAL
Womöglich die wichtigste Entscheidung, die du an einem Tag wie diesem treffen musst. Denn heute solltest du dich in bequeme, anschmiegsame Stoffe wie **Jersey**, **weiche Baumwolle** oder **Wolle** hüllen. Diese Stoffe geben dir genau das, was du heute brauchst: das Kuschelgefühl.

DUFT
Ohne dabei ganz in Melancholie zu verfallen, darf es heute **ein nostalgischer Duft sein – einer, mit dem du schöne Erinnerungen verbindest:** das Parfum, das dir deine allererste Urlaubsliebe geschenkt hat, der süße Duft von Veilchen, der an Zuckerwatte und Sonnenschein erinnert? Do it!

STILIKONEN
RIHANNA
Das Einzige, das an einem *off-day* wirklich hilft, ist, **das zu tun, worauf du Lust hast** – egal, was andere davon halten. Und das gilt auch für dein Outfit. *Enter*: Rihanna! Wenn jemand weiß, wie man seinen eigenen Stil kreiert, dann wohl *bad gal* RiRi. Sie sieht nicht nur immer toll aus – in allem übrigens –, sondern hat ihr Mode-Talent auch schon über erfolgreiche Kooperationen mit Dior oder Puma versilbert. *Styling inspo much??*

CARA DELEVINGNE
Dem IT-girl-Hype um Rihannas *bff* Cara Delevingne wurde einst ein sehr kurzes Leben prophezeit, aber Ms Delevingne hat es allen gezeigt: *She's here to stay!* Und ihr **wunderbar relaxter Girl-next-door-Stil** hat daran einen großen Anteil. Wer mit einem Oversized-T-Shirt, Sneakers und umgedrehter Baseballcap daherkommt, der hat's drauf. So einfach ist das.

WELLNESSTIPP
Setz **dich nicht unnötig unter Druck**: Es ist völlig normal, dass man ab und zu ein Tief hat. Ohne Tief würden wir ein Hoch doch gar nicht zu schätzen wissen …

UND WIESO NICHT MAL …
… deinen Look mit einem **Neon**-Detail – Armreif, Handtasche oder Nagellack – vervollständigen?

TRAUMORT: THAILAND

Da eine Thailand-Reise schon lange auf meiner To-do-Liste stand, habe ich mich mega gefreut, als mein Freund mich zur Feier unseres Zehnjährigen mit zwei Flugtickets und einer Thailand-Rundreise überrascht hat. Eine Rundreise ist meines Erachtens ideal, um ein Land zu erkunden (ich kann eh nicht stillsitzen, auch nicht im Urlaub! ☺). Nach einem Kurzaufenthalt in Bangkok ging es auf Entdeckung zu den schönsten Inseln des Landes (rund um Phuket und Krabi). Und ehrlich, der einzige Wermutstropfen bei dieser Reise mit köstlichen Spezialitäten (ich habe hier zum ersten Mal Fried Ice Cream probiert!), bezahlbaren handgefertigten Souvenirs und unvergessenen Schnorchel-Abenteuern war ... die Abreise.

MOOD MATCH
All die tropischen Düfte, fröhlichen Farben und heiteren Menschen lassen einen den *off-day* schnell vergessen!

HOME AWAY FROM HOME
MANDARIN ORIENTAL
48 Oriental Avenue, 10500 Bangkok
www.mandarinoriental.com
Dieses Old-School-Luxushotel bietet eine grandiose Terrasse mit Meerblick und außerdem einen orientalischen Spa für großartige Entspannungsmomente.

THE NAI HARN
23/3 Moo 1, 83130 Phuket
www.thenaiharn.com
Ein herrlicher Blick auf den nahen Strand und eine Frühstückskarte der Extraklasse mit hausgemachtem Brot, frisch zubereiteten Thai-Suppen und Frühstückseiern mit Räucherlachs. ☺

RAYAVADEE HOTEL
214 Moo 2, 81000 Krabi
www.rayavadee.com
In diesem Hotel, das nur per Boot erreichbar ist (cool, oder?), schläft man in Hütten – mitten in der Natur. Man hört sogar die Affen über das Dach laufen. Außerdem gibt es einen tollen Infinity Pool!

3 MUST-DOS
FLOATING MARKET
Der Besuch einer der vielen schwimmenden Märkte in Bangkok lohnt sich. Man schippert mit einem Boot an Händlern und ihren Waren vorbei, allerdings zusammen mit zahllosen anderen Touristen. Die gut gefüllte Geldbörse nicht vergessen, denn all den handgefertigten *goodies* und *treats* kann man nur schwer widerstehen!

YAOWARAT CHINATOWN
Bangkoks Chinatown zählt zu den quirligsten Flecken der Stadt und ist mit seinen Tausenden Lichtern, knatternden Tuktuks und den fröhlichen Menschen vor allem abends ein einmaliges Erlebnis.

SCHNORCHELN IN KOH HONG
In Thailand gibt es viele schöne Schnorchelreviere, die Koh-Hong-Lagune unweit der Insel Krabi ist aber das Schönste. Wetten, dass sich die Ruhe der einsamen Höhlen und des Meeres sofort auf dich überträgt?

ESSENSTIPP
MANGO STICKY RICE
In Bangkok und auf den Inseln Thailands gibt es viele tolle Restaurants, so zum Beispiel das einmalige Restaurant Grotto des Rayavadee Resorts, in dem ich meinen Geburtstag am Strand gefeiert habe. Das kulinarische – und günstige – Highlight findet man jedoch nicht dort, sondern bei fast jedem Händler auf einem Markt: Mango Sticky Rice. Okay, zu Hause ist dann Sport angesagt, aber das sind Sorgen von morgen ... ☺

TAKE IT HOME

FEUCHTIGKEITSSPENDENDE SNAIL MASK

Der letzte Schönheitsschrei stammt aus Asien und wird hergestellt aus ... Schnecken! Wenig erstaunlich ist die Textur der Masken leicht glitschig, und genau deshalb spenden sie der Haut auch so viel Feuchtigkeit. Zur Beruhigung sei gesagt: Die Masken riechen ganz neutral, frisch und fast wie Seife. Ein Geheimtipp, wenn du mich fragst.

HANDGEFERTIGTER KAFTAN

Im Urlaub trage ich gerne einen bequemen Kaftan. Es gibt nichts Angenehmeres an feuchtwarmen Tagen! In Thailand ist das Angebot an wunderhübschen Kaftans aus Baumwolle oder Seide gigantisch: Es gibt sie in allen erdenklichen Farben, und sie werden mit viel Liebe zum Detail hergestellt. Unwiderstehlich ...

MOOD 2

POWER DRESSING FÜRS BÜRO

> Gib einem Mädchen die richtigen Schuhe und sie wird die Welt erobern.

BETTE MIDLER

POWER DRESSING FÜRS BÜRO 27

BASIS

Weil man es nicht oft genug sagen kann (und Beyoncé immer recht hat): **Girls run the world!** Und wo lässt sich diese Aussage besser verfolgen als in der Modewelt, die voll ist mit inspirierenden Designerinnen, Make-up-Artistinnen, Fotografinnen, Mode-Redakteurinnen etc. Um all diesen Frauen die Ehre zukommen zu lassen, die ihnen gebührt, und für all die Tage, an denen die Gläserne Decke nur ein Mythos ist (jeder Tag?), heißt es ab sofort: **Power dressing.** Yes, please!

MOODS & STYLING-TIPPS

Mood	*Style it!*
IT'S A WOMAN'S WORLD	**KLEID VON VICTORIA BECKHAM**
Kann man die eigene **Weiblichkeit besser demonstrieren** als mit einem **figurbetonten Kleid**? Wenn ein solches Kleid dann noch von einer der größten weiblichen Power-Ikonen dieses Jahrzehnts stammt, ist alles gut.	
HÖHER, NOCH HÖHER!	**STIEFEL VON STUART WEITZMAN OTK**
High Heels sind das beste Mittel zur **Steigerung des Selbstbewusstseins**. Wer ein wichtiges Meeting oder eine Gehaltsverhandlung *(go get it, girl!)* vor sich hat und jeden überragt, der wird nicht zweifeln. Und wer sich noch etwas mehr zutraut: Overknee-Stiefel – mit hohem Absatz und weit über die Knie – sind ein echtes Statement …	
HEUTE ERFÜLLE ICH MIR ALL MEINE KARRIERETRÄUME	**HOSENANZUG FÜR FRAUEN**
Hosenanzüge sind nicht grundlos die erste Wahl fast aller First Ladys, früher wie heute. So kommt überhaupt kein Zweifel auf, **wer die Hosen anhat**. Und mehr soll das ja auch nicht aussagen!	
I GOT THIS	**SCHUHE VON CHANEL**
Manchmal haben etwas männlich wirkende Klassiker wie **flache Oxford-Schuhe** große Wirkung. Sie sind **vielseitig verwendbar** und passen genauso gut zu einem Kleid wie zu einer schwarzen Culotte – also immer eine gute Investition!	

ZOOM IN: HOSENANZÜGE

Als *signature style* der fast mächtigsten Frau der Welt (du bist unvergessen, Hillary!) stand der Hosenanzug einige Zeit stark im Blickpunkt – mehr als je zuvor. *Power suits* können ohnehin auf eine beeindruckende Geschichte zurückblicken. Dabei sei nur an den Ursprung erinnert, als Coco Chanel höchstpersönlich 1914 ihren ersten Hosenanzug entwarf. Oder an die 1960er-Jahre, als Yves Saint-Laurent den, wie er selbst einst sagte, „wichtigsten Entwurf aller Zeiten" präsentierte – Le Smoking, den allerersten Tuxedo für Frauen. Was folgte, war ein regelrechter Siegeszug, nicht zuletzt dank Stars wie Grace Jones, Madonna und natürlich Queen B., den öffentlichkeitswirksamen (und starken!) Fans dieses Kleidungsstücks. Die Sängerin Janelle Monáe, die ihre Auftritte ausschließlich in Tuxedos bestreitet, hat gesagt: „Ich finde, ich habe eine Verantwortung meiner Umgebung und jungen **Frauen gegenüber, das Aussehen einer Frau neu zu definieren."** *Hell yeah, girl!*

BEAUTY

HAARE
Wer sein Gesicht zeigt, strahlt Selbstsicherheit aus. Also, **Haare hochstecken, am besten zu einem Dutt**; Heute darfst du auch mal etwas strenger rüberkommen!

MAKE-UP
Um die Aufmerksamkeit nicht von deinem Anzug (und den Dingen, die du mit deinem Chef oder deinen Kollegen besprechen möchtest ☺ abzulenken, **empfiehlt es sich, das Make-up zurückhaltend klassisch zu halten**: Foundation, etwas Rouge und Mascara genügen.

BEAUTY-PRODUKT NR. 1
Auch wenn du deine Fähigkeiten hoch einschätzt, sind eine Präsentation vor Publikum oder Gehaltsverhandlungen dennoch immer ziemlich aufregend. Deshalb ist eine gute **Foundation** dein wichtigster Bündnispartner beim Versuch, glänzende Haut professionell (ha!) zu kaschieren – für den Fall, dass dir der Angstschweiß ausbricht.

3 THINGS TO DO TODAY

Eine eigene Firma zu führen, ist wirklich nicht immer einfach. Es kostet sehr viel Kraft und Energie, dein eigener Chef zu sein und Verantwortung für die vielen betrieblichen Entscheidungen zu übernehmen. Zwischen den vielen Reisen arbeiten mein Team und ich in unseren Homeoffices, und zum Glück habe ich nach all den Jahren dafür einen Weg gefunden, der ... na ja ... funktioniert. Tipp 1: Bleib nicht den ganzen Tag im Schlafanzug, denn, wie verlockend das auch sein mag, niemand trifft knallharte Entscheidungen in einem bisschen Flanell! Weitere Tipps:

ONE-TASKING

Die Zeit, als Multitasking noch als Wunderwaffe angesehen wurde, um möglichst schnell viel Arbeit zu erledigen, ist vorbei. Grund? Multitasking erzeugt einfach viel zu viel Stress. Außerdem ist es nicht sehr effektiv, mehrere Dinge gleichzeitig zu tun. E-Mails checken *und* Meeting vorbereiten *und* online das unwiderstehliche Outfit für ein Date shoppen – **alles viel einfacher, wenn man sich jeweils auf eine Sache fokussiert.** Apropos E-Mails: am besten nicht ständig checken und antworten, sondern zweimal täglich zu bestimmten Uhrzeiten (zum Beispiel morgens bei Arbeitsbeginn und am Ende des Arbeitstags). Das ist viel besser für deinen Kopf! ☺

IN SCHÖNE BÜRO-UTENSILIEN INVESTIEREN

Schöne Dinge auf meinem Schreibtisch machen mich aus irgendeinem Grund richtig glücklich: Neonstifte, ein klassischer goldener Füller oder ein bunter Bleistift mit Radiergummi – *gotta have it!* Mittlerweile weiß ich auch, wie wichtig es ist, **weniger Firlefanz auf dem Schreibtisch** zu haben. So wirkt er schicker und ist ordentlich – nicht ganz unwichtig angesichts des Chaos, das mein Job mit sich bringt. Wo ich am liebsten Büro-Utensilien einkaufe? Online beim dänischen Möbel- und Accessoire-Label Hay und bei Muji mit seinen japanisch inspirierten *goodies*.

DER GESUNDE SNACK FÜRS BÜRO

Wenn man wie ich tagsüber gerne in Unterzucker gerät, und das natürlich immer, wenn es gar nicht passt, dann greift man leider oft zu ungesunden Snacks. Keine gute Idee, da man nach spätestens einer Stunde wieder (und noch mehr) Heißhunger hat ... Deshalb bereite ich inzwischen am Wochenende immer einen kleinen Vorrat an nahrhaften und gesunden Snacks zu und hebe sie im Kühlschrank auf. So habe ich für die ganze Woche gute Zwischenmahlzeiten dabei.

Denn klar, zum *power dressing* gehört natürlich auch *power food!*

KAKAO-CHIA-ENERGIEKUGELN
FÜR 10 STÜCK

- 170 g Datteln ohne Stein, klein geschnitten
- 2 TL Kokosöl
- 1 TL ungesüßtes Kakaopulver
- 1 TL Schalenabrieb einer Bio-Orange
- 20 g Mandeln, fein gehackt
- 40 g Chiasamen

Datteln und Kokosöl in eine Küchenmaschine geben und so lange rühren, bis klebrige Krümel entstehen. Die restlichen Zutaten hinzugeben und gut vermischen (nicht zu lange, damit das Ganze noch etwas Biss hat). Aus der Masse kleine gleich große Kugeln formen. Etwas Kakao, Chiasamen und Orangenschale in einen Suppenteller geben, vermischen und die Kugeln darin wälzen. Im Kühlschrank sind die Kugeln höchstens zwei Wochen haltbar.

INSPO KIT

FARBE
Hör einfach auf Christian Louboutin, den König der ausdrucksstarken Pumps: **rot, rot und noch mal rot.**

MATERIAL
Entscheide dich für **pflegeleichte** Stoffe, die **nicht schnell knittern** – nichts nervt mehr als ein völlig zerknitterter Rock nach einem stundenlangen Meeting. Außerdem: Powerfrauen haben Besseres zu tun, als sich um Wäsche und Bügeln zu kümmern!

DUFT
Angesagt ist ein **kräftiger Duft** wie **Sandelholz**, eventuell kombiniert mit subtilem Moschus.

POWER DRESSING FÜRS BÜRO

STILIKONEN

CHRISTINE CENTENERA
Es wundert nicht, dass die Moderedakteurin von *Vogue Australia* und persönliche Stylistin von Kim Kardashian *power dressing* richtig gut beherrscht: enge Bleistiftröcke, knöchellange Mäntel und Sky Heels – immer abwechselnd. Auch wenn ich eigentlich nicht so auf Schwarz stehe, zeigt Centenera, dass Schwarz ein Volltreffer sein kann. *Styling is everything!*

ANNA WINTOUR
Nicht, dass diese Frau noch vorgestellt werden müsste, aber wenn es jemanden gibt, der *power dressing* in Vollendung beherrscht, dann diese unangefochtene Queen der Mode, die man übrigens nur selten ohne Sonnenbrille sieht – und wirklich nie in zerknittertem Outfit.

VICTORIA BECKHAM
Vom Spice Girl über Die-Frau-von zur geschätzten Designerin – das muss man erst mal schaffen. VB ist nicht umsonst meine persönliche Heldin. Sie hüllt ihre unfassbar makellose Figur fast immer in Designs, die eleganter nicht sein können, und trägt dazu ein paar ausdrucksstarke Pumps!

WELLNESSTIPP
Wie schön es auch ist, seine ganze Kraft, Zeit und Energie der Karriere zu widmen, selbst der schlimmste Workaholic (wie ich!) braucht gelegentlich eine wohlverdiente Pause. Deshalb: Mindestens **eine halbe Stunde pro Tag aus der digitalen Welt „auschecken"**, den ganzen Kram kurz hinter sich lassen und sich einen Moment für sich selbst nehmen, am besten an der frischen Luft und mit warmem Tee. Erstaunlich, wie viel produktiver man anschließend ist!

UND WIESO NICHT MAL …
… deinen Hosenanzug oder Bleistiftrock **mit Sneakers** kombinieren? Denn schließlich geht es ja um den Inhalt, nicht um die Verpackung. ☺

INSIDERTIPP: SNEAKERS DER PORTUGIESISCHEN MARKE JOSEFINAS SIND ORIGINELL, QUALITATIV HOCHWERTIG UND VON FRAUENPOWER INSPIRIERT.

TRAUMORT: NEW YORK CITY

Ich bin natürlich sehr häufig in NYC – einer der größten Modestädte überhaupt. Dennoch kann ich mich noch sehr gut an meinen ersten Besuch erinnern: Diese Düfte, Farben, Menschen, diese Energie – so etwas vergisst man nie. Auch wer die Top-Sehenswürdigkeiten (Freiheitsstatue, Empire State Building, WTC) schon kennt, hat noch viel Schönes vor sich ... Hier folgen meine Geheimtipps in Big Apple!

MOOD MATCH
If you can make it there, you can make it anywhere – und es stimmt: Diese Stadt hebt jeden auf das nächste Level.

HOME AWAY FROM HOME
NOMO SOHO
9 Crosby Street, 10013 NYC
www.nomosoho.com
Etwas versteckt im Herzen von Soho liegt dieses hippe Hotel, in dem man im Sommer wunderbar frühstücken kann (die *super greens açai bowl* ist gigantisch und superlecker!). Wer ein **Zimmer mit Dusche und Aussicht über Manhattan** haben möchte, bekommt ein ... tja ... Badezimmererlebnis, das man so schnell nicht vergessen wird.

THE STANDARD HOTEL
848 Washington Street, 10014 NYC
www.standardhotels.com
Dieses Hotel, unweit der beliebten High Line gelegen, ist architektonisch so gestaltet, dass man von **jedem Zimmer eine herrliche Aussicht** auf das Wasser oder die Lichter der Stadt hat. Wer es gerne romantisch mag, sollte das Restaurant besuchen – der ideale Ort für ein entspanntes Essen. Ach ja, dann ist da noch der Rooftop-Blick – seufz!

3 MUST-DOS
BOOTSTOUR IM CENTRAL PARK
Der Central Park zählt zu meinen Lieblingsflecken in NYC! Irgendwie surreal, so viel Grün in einer der am dichtesten bevölkerten Städte der Welt. Wer den Park ganz romantisch erleben will, der sollte sich bei **The Loeb Boat House für wenig Geld ein Boot ausleihen** – ein unvergessliches Abenteuer (und eigentlich auch ein Work-out ...).

ROOFTOP VIEW
Wer NYC vom Boden aus schon beeindruckend findet, der wird beim Blick von oben aus dem Staunen nicht mehr rauskommen. Es gibt diverse Touristenattraktionen (z. B. Empire State Building oder Top of the Rock), die eine spektakuläre Aussicht bieten – **aber auch viele Hotels haben ihre Dächer für Publikum geöffnet**. So kann man für den Preis eines Cocktails in netter Gesellschaft einen bombastischen Blick auf die weltberühmte Skyline New Yorks genießen. Und die ist vor allem in der Dämmerung – wenn die Lichter angehen – fantastisch!

THE HIGH LINE
Eine alte Bahnstrecke in einen der angesagtesten und gemütlichsten Orte der Stadt verwandeln? Das haben die New Yorker geschafft.

Die High Line beginnt im hippen Meatpacking District, und wenn man losstiefelt, **bekommt man eine ganze andere Seite dieser Stadt zu sehen**. Ein idealer Sonntagsspaziergang! Wer NYC im Sommer besucht, hat gleich doppeltes Glück, denn dann gibt es hier auch noch das beste Eis am Stiel – *all natural popsicles*.

ESSENSTIPP
SWEET POTATO FRIES – BY CHLOÉ
185 Bleecker Street, 10012 NYC (und anderswo)
www.eatbychloe.com
In einer Stadt, die, wie es scheint, mehr Restaurants als Einwohner hat, kann man sich immer nur schwer entscheiden. Dann bieten sich die Süßkartoffelpommes dieses veganen Hotspots an: **köstlich, originell und gesund**. Was will man mehr? Hmm, einen Nachtisch natürlich! Den gibt es gleich nebenan – die leckersten Zimt-Espresso-Schoko-Chip-Cookies überhaupt.

TAKE IT HOME
CELEB BLOW-OUT – DRYBAR
44 Crosby Street, 10012 NYC (und anderswo)
www.thedrybar.com
Eine Woche NYC mit einer neuen Frisur krönen? Und das ohne den obligatorischen Stress, den ein Friseurbesuch mit sich bringt? Dann ab in die Drybar! **Hier hauchen Brushing-Profis deinem Haar neues Leben ein**. Wen die Preise etwas abschrecken, der sollte wissen: Hier geht es um ein Gesamterlebnis inklusive wunderbarer Extras. Und das Endergebnis? Das übertrifft alle Erwartungen.

HANDGEFERTIGTER SCHMUCK – BRVTVS
349 West 12th Street, 10014 NYC
Jedes einzelne Stück der Schmuckmarke brvtvs wurde von der supereleganten Caroline Ventura entworfen und ist toll. Die exklusiven Exemplare kannst du in Carolines **Einrichtungs- und Accessoiresshop** Calliope bewundern, der sich in einer gemütlichen Straße befindet, die aus einer Folge von *Sex and the City* stammen könnte. Aber Vorsicht: Für die Rückreise wirst du einen weiteren Koffer brauchen …

MOOD 3

SUN IS OUT

& MY HAIR LOOKS AMAZING KINDA MOOD

> # You are never fully dressed without a smile

LITTLE ORPHAN ANNE

BASIS

Manchmal wacht man mit dem Gefühl auf: **Heute wird ein guter Tag!** Die Frisur sitzt ohne Styling perfekt, im Radio ertönt dein Lieblingslied und in der Mittagspause schnappst du deinen Kollegen den letzten Muffin weg. Höchste Zeit, deine Lebensfreude auf dein Outfit zu übertragen. **Jetzt sind Prints, sonnige Farben und witzige Details angesagt.** Zitat des Tages? *Yes, we can!*

MOODS & STYLING-TIPPS

Mood	*Style it!*
KOMBINIEREN	**PRINTS VON DRIES VAN NOTEN**

Prints gelten häufig als „schwer kombinierbar". Doch völlig zu Unrecht, denn du kannst sie nach Lust und Laune **kombinieren** – mit anderen kontrastierenden Mustern oder Basics (die übrigens mit Prints superschnell aufgemotzt sind). Die Kraft, die von einem tollen Print ausgeht, passt perfekt zu deiner guten Stimmung und wird dir beim Styling ganz gewiss kein Kopfzerbrechen bereiten – versprochen!

SCHMETTERLINGE IM BAUCH	**SOPHIA WEBSTER HEELS**

Die Unbekümmertheit eines Kindes möchtest du heute spüren. Also sind Pumps oder Sandalen im **Metallic-Look** und **sogar mit Blumen und Schmetterlingen** das Richtige. Wer die mit eleganten Teilen aus natürlichen Materialien kombiniert, wird auch noch superschick aussehen …

ZWINKER, ZWINKER ☺	**ACCESSOIRES VON ANYA HINDMARCH**

Achte heute mal etwas mehr auf deine **Accessoires** und damit meine ich … **Mehr! Auffälliger! Farbenfroher!** Zum Beispiel witzige Taschen mit Pompons oder Quasten (Letztere zählen nicht umsonst zu den Basics meiner SANUI-Accessoires, denn sie sind witzig und zeitlos!). Oder entscheide dich für Details mit einem Augenzwinkern – wörtlich, versteht sich, denn der **Emoticon-Aufnäher-Trend** passt perfekt zu einem Tag wie heute. Wurden sie einst erfunden, um abgetragenen Klamotten ein längeres Leben zu geben, sind Aufnäher ideal, um deine Lieblingsjeans mit etwas Farbe und vielleicht sogar einer Botschaft auszustatten.

BEAUTY

HAARE
Ein guter *hair day*! Ideal, **um mal etwas auszuprobieren**. Vertiefe dich heute mal in das **umfangreiche Online-Angebot an Haar-Tutorials**, um den perfekten Fischgrätenzopf auf deinen Kopf zu zaubern.

MAKE-UP
Weil die Frisur passt, kannst du **deinem Make-up** heute ruhigen Gewissens **etwas weniger Zeit widmen**. Denn strahlen tust du ohnehin!

BEAUTY-PRODUKT NR. 1
Bring dein inneres Strahlen mit deinem **Lieblings-Highlighter** nach außen. Am besten etwas davon knapp oberhalb der Jochbeine auftragen, unter den Augenbrauen und auf dem Nasenrücken – so strahlen alle Stellen, wenn sie von der Sonne gestreift werden.

3 THINGS TO DO TODAY

Oder umgekehrt: Was schaffst du heute *nicht*? Wer mit dem Gefühl aufwacht, die Welt im Sturm erobern zu können, dem gelingt einfach alles: ein köstliches Frühstück, die Wahl des perfekten Outfits, eine staufreie Fahrt ins Büro, das perfekte Kundengespräch (inklusive Einladung deines Büro-Schwarms!). Und dann den Tag mit einem gemütlichen Dinner mit den besten Freundinnen ausklingen lassen … wunderbar! Ach ja, diese drei Dinge solltest du nicht vergessen:

EINEN AUSFLUG PLANEN
Da es so wichtig ist, sich an Tagen, an denen es nicht so gut läuft, auf etwas freuen zu können, solltest du deine überschüssige Energie dazu nutzen, einen Ausflug zu planen: Ein Wochenende zu zweit oder ein Stadtbummel mit deinen besten Freundinnen ist schnell organisiert! Keine Lust auf Hotels? Dann sind **Airbnb** oder **HomeAway** eine gute Alternative: Du wohnst zwischen den Locals, und das oft noch deutlich preisgünstiger.

FRÜHJAHRSPUTZ
Zugegeben: Es gibt Spannenderes, als das eigene Zuhause mal gründlich zu putzen, aber du weißt, wie wohltuend das sein kann, also los geht's! Und wenn du schon dabei bist, kannst du deinem Interieur gleich ein Facelifting verpassen, indem du Möbel umstellst und all die kleinen Dinge, die dich schon lange stören, beseitigst. Zum Beispiel kannst du die viel zu helle und dadurch unromantische Glühbirne im Schlafzimmer durch ein wärmeres Licht ersetzen. Oder den hässlichen Sessel – das Geschenk irgendeiner Tante – unauffällig aus dem Wohnzimmer entfernen.

EIS AM STIEL ZUBEREITEN
An sonnigen Wohlfühltagen lassen sich die leckersten Dinge zaubern! Wie wäre es mit einem hausgemachten Eis am Stiel, das dich an vergangene warme Sommertage im Freibad erinnert? Varianten gibt es da in Hülle und Fülle, aber alle sind gleich easy zuzubereiten. Das ist mein Lieblings-Eis-am-Stiel …

KOKOS-ERDBEER-EIS
FÜR 5 STÜCK

- 400 ml Kokosmilch (oder Kokoswasser für eine Light-Version)
- 1 Handvoll frische Erdbeeren, klein geschnitten
- 2 EL Agaven- oder Ahornsirup
- Mark von 1 Vanilleschote
- Kokosraspel
- geschmolzene Bitterschokolade (nach Belieben)

Alle Zutaten (außer den Kokosraspeln und der Bitterschokolade) in einer Küchenmaschine gut miteinander vermischen. Kokosraspel hinzugeben und gut untermischen. Die Masse in spezielle Eisförmchen füllen und mindestens 60 Minuten gefrieren lassen. Jedes Eis nach Belieben vor dem Servieren in die geschmolzene Schokolade tauchen.

PS: Wenn du schon Eis am Stiel einfrierst, kannst du auch gleich **Eiswürfel für fröhliche Drinks** machen, zum Beispiel mit **getrockneten Essblumen** (z. B. Glockenblumen) oder mit deinem **Lieblingssommerobst**.

INSPO KIT

FARBE
Bonbonfarben natürlich! Ehrlich! Wage es ja nicht, heute Schwarz oder eine andere dunkle Farbe zu tragen.

MATERIAL
Das Schöne an einem *On-day*: **Es ist eigentlich alles egal**, denn du fühlst dich einfach supergut. Deshalb: Lass fröhliche Farben sprechen und kümmer dich nicht um das Material (wenngleich ich grundsätzlich **nichtsynthetische** Dinge bevorzuge ☺).

DUFT
Entscheide dich für einen Uplifting-Duft mit **frischer Zitrusnote**.

STILIKONEN
DOUTZEN KROES
Immer ein **breites, ansteckendes Lachen** im Gesicht, sachlich und nüchtern – das ist das friesische Topmodel in Bestform. Als würde sie niemals mit dem linken Fuß zuerst aufstehen. Außerdem hat sie ein großes Herz, wie die vielen Wohltätigkeitsinitiativen zeigen, für die sie sich einsetzt. Was mal wieder beweist: Geben macht glücklich.

LEANDRA MEDINE
Wenn es um völlig abgefahrenes, aber immer perfektes Styling geht, kann niemand der Gründerin des berühmten Blogs Man Repeller das Wasser reichen. An ihren einmaligen Kombinationen scheiden sich die Geister, aber in einem Punkt ist man sich einig: Leandra ist eine **Bereicherung** für die Modewelt, die sich selbst oft etwas zu wichtig nimmt.

YASMIN SEWELL
Es vergeht kein Tag, an dem ich und der Rest der Welt sich nicht vom fröhlichen Stil der Anchorwoman von style.com inspirieren lässt. Mit ihrer Kurzhaarfrisur und der Vorliebe für farbenfrohe Oversized-Mäntel zählt sie zu meinen Street-Style-Favoriten. Wie sie ihre Outfits auswählt? „Wenn ich mich nach dem Aufstehen anziehe, dann wähle ich das, was meiner Stimmung, meinem Gefühl in dem Moment entspricht." Bester. Rat. Ever. ☺

WELLNESSTIPP
Erstes Gebot: Auch während des Tages die **gute Stimmung pflegen und beibehalten**. Kein Tag – nicht mal ein ganz guter – ist völlig sorgenfrei, aber davon sollte man sich nicht beeinträchtigen lassen.

UND WIESO NICHT MAL ...
... 100 % dem Kind in dir nachgeben und ein **temporäres Tattoo** an ungewöhnlicher Stelle anbringen lassen?

TRAUMORT: TOKIO

Geheimnisvolle Geishas, revolutionäre Hautpflege, interessante Mode (ich liebe die Blumenprints und Kimonos) und exquisite Küche – Japan fasziniert mich schon seit Jahren! Deshalb habe ich mich unheimlich auf die Reise gefreut und auf den Spaziergang durch den berühmten Bambuswald von Kyoto – mit dem schönsten Licht, das ich jemals gesehen habe. Unser Aufenthalt in Tokio war von Anfang bis Ende unvergesslich. Mein Geheimtipp!

MOOD MATCH
Das Treiben in dieser Stadt wird dein Glücksgefühl weiter verstärken.

HOME AWAY FROM HOME
HOTEL OKURA
2-10-4 Toranomon, 105-0001 Tokio
www.hotelokura.co.jp
Langen Diskussionen und Protesten gegen einen Teilabriss zum Trotz wird dieses renommierte, in den 1960er-Jahren erbaute Hotel seit 2015 umgebaut. Das neue Hauptgebäude wird zwar erst 2019 fertig sein, der Betrieb geht aber trotzdem weiter. Wie das neue Okura aussehen wird, weiß ich nicht, **aber sollte es die gleiche Atmosphäre ausstrahlen wie das Original, dann wird sich ein Besuch mehr als lohnen.**

AMAN TOKYO
1-5-6 Otemachi Chiyoda-ku, 100-0004 Tokio
www.aman.com/resorts/aman-tokyo
Wo soll man bloß anfangen, wenn man dieses Hotel beschreiben will? Bei der monumentalen Lobby mit Aussicht auf eine der imposantesten Skylines weltweit? Oder bei dem in kleinen Bambusschälchen servierten Frühstück, das so aus einem Kochbuch stammen könnte? Oder bei dem modernen Zen-Spa, in dem man sich mit einer Tasse Tee und einer Massage verwöhnen lassen kann? **Egal, es ist so oder so eines der schönsten Hotels der Welt.** Punkt. ☺

3 MUST-DOS
YURIKAMOME-LINIE
Eine Zugfahrt durch Tokio ist nicht nur erschwinglich, sondern auch ein unvergessliches Erlebnis. Meine Lieblingsstrecke? Vom Bahnhof Shimbashi Station bis kurz nach der Brücke, dann mit dem nächsten Zug zurück bis zur Shiodome Station und zu Fuß nach Shimbashi. Unterwegs wirst du viel Wunderbares entdecken!

NATIONALER GARTEN SHINJUKU GYOEN
Wer an Japan denkt, denkt an die Kirschblüte – oder nicht? Um der Hektik der Stadt kurz zu

entfliehen, ist dieser Park der ideale Zufluchtsort. Einfach die Landschaft und ein Picknick mit frischem Sushi genießen – herrlich ...

TOKYO INTERNATIONAL FORUM
Anschließend geht es zum Tokyo International Forum, *the place to be* für Architekturfans. Mit seiner interessant gegliederten Glasfassade und den Lichtverhältnissen, die sich kontinuierlich verändern, zählt das Forum zu den abgefahrensten Gebäuden, die ich jemals gesehen habe. Es werden dort interessante Ausstellungen und Veranstaltungen geboten, also nicht vergessen, sich frühzeitig zu informieren!

ESSENSTIPP
RAMEN – AFURI
1-1-7 Ebisu Shibuya, 150-0013 Tokio
(und andernorts)
www.afuri.com
Ramen sind japanische Nudeln, die auch in Europa inzwischen bekannt und beliebt sind. Wie sie allerdings hier im Afuri zubereitet werden, habe ich sie noch nie gegessen. Mein Tipp: Shio-Ramen – mit Huhn, Meeresfrüchten und Kombu (Meeresalgen).

TAKE IT HOME
VINTAGE KIMONO – GALLERY KAWANO
4-4-9 Jingumae, 150-0001 Tokio
www.gallery-kawano.com
Mir wurde dieses Geschäft von einer stilvollen Fashionista empfohlen, und sie hat recht: Es ist ein Eldorado für Liebhaber von traditionellen Kimonos, die trotzdem erschwinglich sind. Einziges Problem: die gigantische Auswahl an Prints und Farben ...

MOOD 4

PARTY MIT DEINEN BESTIES

> Wenn ich zum Tanzen gehe, trage ich die höchsten Absätze und das kürzeste Kleid.

KATE MOSS

BASIS

Gibt es etwas Besseres, als nach einer langen Arbeitswoche seine besten Freundinnen zu einem **spontanen Partyabend** zusammenzutrommeln? Gemeinsam Outfits aussuchen, Frisuren und Make-up stylen und dabei laut altbekannte Klassiker mitsingen – und dann: *Dance the night away*!

MOODS & STYLING-TIPPS

Mood | Style it!

ROCK ON | JACKETT VON BALMAIN & FLACHE SCHUHE VON MIU MIU

Eine Party bedeutet Rock 'n' Roll und Rock 'n' Roll bedeutet: **Leder, Nieten und cool sein**. Am besten ist das Zwiebelprinzip: verschiedene Schichten und ein legeres Jackett, das man lässig über die Schulter hängen kann als perfekte Krönung. Ach ja, tu dir (und deinen Füßen) einen Gefallen und zieh nur **flache Schuhe mit hübschen Details** wie Riemchen oder breiten Schnürbändern an – schön, cool und ideal, um die ganze Nacht zu tanzen.

MINI MINI | CROP TOPS & MINIROCK

Crop Tops und Miniröcke sind echt nicht für jede Gelegenheit geeignet, aber für eine Party fast ein Muss! Wer bis in die frühen Morgenstunden tanzen will, sollte sich für ein **kurzes Oversized-Oberteil** entscheiden (ein Hoch auf die 1990er-Jahre!) mit viel Bewegungsspielraum für die Arme. In Kombination mit einem engen, kurzen, hoch sitzenden Rock in A-Linie sieht das klasse aus.

KOMPAKT & STYLISCH | CLUTCH VON YSL & UMHÄNGETASCHE VON CHLOÉ

Bei alldem Glitzer und Glimmer könnte man fast vergessen, dass man an so einem Abend mit Tanz (und, ähem, einer gewissen Menge Alkohol) keine schwere Tasche mit Kram, den man eigentlich nicht braucht, mit sich herumschleppen sollte. Die Lösung? Eine **stylische kompakte Clutch** oder zeitlose **Umhängetasche**!

STATEMENT-ACCESSOIRES | OHRRINGE VON HERVÉ VAN DER STRAETEN

Ganz toll sind Details, die den eigenen Look von dem der Masse unterscheiden. **Große Ohrringe** (von denen du auch nur einen tragen kannst) sind meine absoluten Favoriten. Und so hat man auch gleich ein interessantes Gesprächsthema, wenn man plötzlich seinem Schwarm gegenübersteht. Win-win-Situation!

BEAUTY

HAARE
Alles, was mit Haargummi geht (und den Nacken freihält), ist super: **Ein wilder Pferdeschwanz oder ein lässiger Dutt sind 100 % partytauglich.**

MAKE-UP
Ausgehen = Startzeichen für Make-up-Styling! Jetzt ist es an der Zeit, um mit den besten Freundinnen **die neuesten Trends auszuprobieren.** Cat Eyes mit poppigem Eyeliner? Oder Nagellack mit Glow-in-the-dark-Effekt? Super!

BEAUTY-PRODUKT NR. 1
Glitzer! Beim Augen-Make-up ist Glitzer prima, aber noch spannender und auffallender ist Glitzer im Dekolleté und in den Haaren. Wie das geht? Ganz einfach: **etwas Glitzer mit deiner Bodylotion oder dem Haaröl vermischen** und fertig.

WAS GEHÖRT IN DIE PARTYTASCHE?

Nur das wirklich Wichtige in die Tasche zu packen, ist einfacher gesagt als getan – vor allem, wenn man schon spät dran ist. Da hilft am besten eine kleine Checkliste, die man im Vorfeld erstellt – und zwar sehr sorgfältig aufgrund von einigen (oder ziemlich vielen ☺) peinlichen Erfahrungen:

1 / FASHION
EXTRASCHICHT
Wer schnell friert, braucht unbedingt eine dünne Jacke. Zum Beispiel, wenn man mal kurz an die frische Luft möchte (sprich: in aller Ruhe mit den besten Freundinnen die Party-Outfits der anderen durchgehen). Denn dabei frieren macht echt keinen Spaß. Am besten eignet sich eine **multifunktionelle Casual-Jacke**, etwa eine Jeansjacke, die man sich auch **umbinden** kann, wenn sie nicht in die stilvolle Clutch passt ...

HAARGUMMIS
Einfach unverzichtbar! Die Frisur mag am Anfang des Abends noch perfekt sitzen, aber vier Stunden später wirst du aller Wahrscheinlichkeit nach **sehr froh sein, auf die altbewährte Alternative zurückgreifen zu können, die immer gut aussieht: den Pferdeschwanz.** Bonus: Wer viel tanzt, schafft damit sogar eine besonders voluminöse Variante.

2 / BEAUTY
CONCEALER
Wer wild tanzt, der schwitzt. Und wie jeder weiß, fällt diesem Vorgang als Allererstes das Make-up zum Opfer. In einer solchen Situation gibt es nur eine Lösung: guten Concealer. **Mein All-time-Favorit: der Fix It von Dior, ein kompakter Concealer mit fester Textur.** Flüssige Concealer können eine Handtasche ganz schön verschmutzen, also besser vermeiden. Dieser Concealer verdeckt selbst dunkle Ringe unter den Augen – und ist daher auch geeignet für den nächsten Morgen. ☺

ROUGE
Wenn das Make-up schon etwas derangiert ist, hilft ein wenig Farbe. Deshalb habe ich immer das **Creme-Rouge von Clarins** in meiner Tasche. Ich habe mich bewusst für diese Textur entschieden, weil bei Puder die Gefahr besteht, dass sich das Zeug in der ganzen Tasche verteilt – nicht sehr sinnvoll!

GETÖNTER LIPPENBALSAM
Bilde ich mir das nur ein oder ist die Luft in Partyräumen wirklich oft sehr trocken? Wie dem auch sei, meine Lippen fühlen sich immer sehr schnell spröde an, und dann ist **ein pflegender, schimmernder Lippenbalsam wie der Addict Lip Glow von Dior einfach ein Muss.** Gute 2-in-1-Produkte sind übrigens immer sinnvolle Begleiter in zumeist winzigen Partytaschen …

3 / EXTRAS
KAUGUMMI
Es ist richtig uncool, deinem Dancefloor-Schwarm mit einer Fahne etwas zuzuflüstern (oder zuzurufen). Deshalb: Kaugummi!

SCHUH-PADS
Die effektivsten Party-Essentials sind oft die am wenigsten glamourösen, wie etwa die Antirutsch-Pads, **die das Herausrutschen vermeiden und Blasen vorbeugen, wenn man seine schönsten High Heels trägt.** Solche unsichtbaren Helferlein, die dafür sorgen, dass man die Tanzfläche nicht barfuß verlassen muss (*happened!*), sondern elegant in ein Taxi steigen kann, sind großartig.

3 THINGS TO DO TODAY

Wenn das perfekte Party-Outfit und der Tascheninhalt passen, ist es Zeit, sich auf andere Dinge zu fokussieren. Denn an einem heißen Partyabend geht es natürlich in erster Linie darum, mit deinen besten Freundinnen, bei guter Musik und in ausgelassener Stimmung eine super Zeit zu haben. Nur der Moment zählt, also nicht an morgen denken!

GUILTY PLEASURE PLAYLIST
Zu den Dingen, die vor dem Ausgehen am meisten Spaß machen, gehören die Vorbereitungen mit deinen Freundinnen. Und was braucht man dazu – außer Glitzerlidschatten, ein tolles Outfit und die richtigen Drinks? Eine gute Playlist natürlich!
Meine Top 3:
1. Sexual Healing von Marvin Gaye (Klassiker)
2. 7/11 von Beyoncé (klar!)
3. This Is What You Came For von Rihanna & Calvin Harris (perfekter Party-Kick-off)

HANGOVER-VORBEREITUNG
Seien wir ehrlich: Ausgehen führt meistens (immer) zu einem Kater am nächsten Tag. Die gute Nachricht: Es gibt diverse Mittel, die wirklich helfen. Manche kann man gleich anwenden, wenn man nach Hause kommt:
1. Viel und lang schlafen. Nichts ist heilsamer als eine gute Nachtruhe (verwende eine Meditations-App wie My Meditation Station, um schneller einzuschlafen).
2. Wasser, Wasser und noch mal Wasser – vor, während und nach der Party.
3. Eine vollwertige herzhafte Mahlzeit (wie Nudeln, Brot oder Eier).
4. Dein Leid mit deinen Freundinnen teilen – ein geteilter Kater ist nur ein halber Kater!

COCKTAIL-HOUR
Ein Pre-Party-Drink ist super, nur ist es gar nicht so einfach, das richtige Getränk zu finden. Es sollte erfrischend und lecker sein, aber **nicht so heftig, dass man schon leicht beschwipst bei der Party ankommt** (*happened!*). Zum Glück habe ich meinen perfekten Drink inzwischen gefunden – nach, ähm, einer Reihe von umfangreichen Studien. ☺

BEEREN-MOJITO
FÜR 2 GLÄSER

- ein paar Minzblätter
- 10 Beeren nach Wahl (ich nehme Heidelbeeren), leicht zerdrückt
- Agavensirup
- Eiswürfel
- 120 ml heller Rum
- 60 ml frisch gepresster Limettensaft
- Soda (nach Belieben)

Minze, Beeren und Agavensirup in einen Shaker füllen und Eis, Rum und Limettensaft hinzugeben. Etwa 20 Sekunden lang schütteln und den Cocktail in ein mit Eis gefülltes Glas gießen. Mit Soda auffüllen – je nachdem, wie stark der Cocktail sein soll.

INSPO KIT

FARBE
Alles ist erlaubt, wenn man mit seinen Freundinnen feiert. Ein mit Strass besetztes schwarzes Kleidchen? Ein kurzer Jumpsuit mit knalligem Print? Hauptsache, es sieht schick aus!

MATERIAL
Stoffe mit Metallic-Glanz und Pailletten! Synthetische Stoffe, die gern am Körper kleben und nicht atmungsaktiv sind, sollte man an so einem Abend besser vermeiden.

DUFT
Ein kräftiger Duft ist genau das Richtige. Zum Beispiel **charaktervolle Bergamotte** als Basis und schon hat man den richtigen Komplizen für eine hemmungslose Nacht!

STILIKONEN
GEORGIA MAY JAGGER
Mit dem ultimativen Partylöwen Mick Jagger und dem Supermodel Jerry Hall als Eltern ist klar, dass kaum jemand in einem eleganten

kurzen Kleid besser aussieht als Georgia. **Sie experimentiert hin und wieder gerne** (sie hatte auch schon mal Haare in Regenbogenfarben) und alle finden es toll.

NICOLE RICHIE
Einst die beste Freundin des notorischen Partygirls Paris Hilton und heute die treibende Kraft hinter ihrer eigenen Modelinie House of Harlow 1960 – benannt nach ihrer Tochter. Nur: Alte Gewohnheiten sind schwer zu ändern – **und so wird sie ihre wilde Seite (hoffentlich) nie verlieren**. Und, ja, auch sie hatte eine Zeit lang lila Haare. Was wiederum beweist, dass bunte Partys die besten sind!

WELLNESSTIPP
An einem unvergesslichen Abend geht es natürlich nur darum, **den Moment zu leben**. Also solltest du nicht an den Kater am nächsten Morgen denken. *But please* … Vergiss nicht, dich abzuschminken, bevor du ins Bett gehst. Du wirst dir noch tagelang dafür danken, dass du es getan hast.

UND WIESO NICHT MAL …
… dem Beispiel von Georgia May Jagger folgen und **deine Haare mal mit farbenfrohen Strähnchen pimpen**?

INSIDERTIPP: KLINGT VIELLEICHT KOMISCH, ABER WENN DU MIT FEUCHTER SPIELKREIDE DURCH DIE HAARE FÄHRST, GIBT ES DEN GLEICHEN EFFEKT – NUR 100 % AUSWASCHBAR. IDEAL FÜR EINEN BUNTEN ABEND!

TRAUMORT: LONDON

Du verbindest mit London vielleicht die Queen und köstlichen High Tea, aber London ist noch viel mehr. Es ist auch die Stadt mit einer der weltweit besten Partyszenen! Und da London mit dem Zug nur ein paar Stunden von meinem Wohnort entfernt liegt, ist es die ideale Stadt für ein Feierwochenende. Ausgefallene Outfits sind dort ganz normal, denn die Londoner sind sehr experimentierfreudig. Hier kann man also ganz man selbst sein – oder sogar noch etwas mehr als das! Und am nächsten Morgen? Den Kater mit einer Tasse Tee und dem weltbekannten English Breakfast bekämpfen!

MOOD MATCH
Experimentell und ausgefallen oder traditionell und nostalgisch: London bietet das Beste beider Welten – ideal für eine lange Partynacht und den Tag danach, wenn man in aller Ruhe seinen Kater bekämpft.

HOME AWAY FROM HOME
LONDON EDITION HOTEL
10 Berners Street, W1T 3NP London
www.editionhotels.com/london
Wenn du eine stilvolle Unterkunft suchst, in der **das noble und das supermoderne London zusammentreffen** (also die Kombination aus Chesterfield-Sofa und Holzbank mit grünem Samtbezug), dann ist das London Edition Hotel genau dein Ding. Es liegt in Fitzrovia unweit der berühmten, immer vollen Einkaufsstraße Oxford Street und ist somit der ideale Startpunkt für eine Erkundungstour durch die britische Hauptstadt.

THE HOXTON
199-206 High Holborn, WC1V 7BD London
www.thehoxton.com/london/holborn
The Hoxton verströmt die **typische, urgemütliche Pub-Atmosphäre, ist aber absolut nicht ungepflegt**. Die Zimmer sind cool und stimmungsvoll (mit modernen Kopfteilen am Bett und nostalgischen Wandtapeten). Das hauseigene, eher amerikanisch anmutende Restaurant serviert herzhafte Mahlzeiten, die lang satt machen. Was will man mehr?

3 MUST-DOS
GREENWICH FERRY
Ich liebe es, Metropolen wie London mal aus einer anderen Perspektive zu erleben, zum Beispiel vom Wasser aus. Eine Fahrt mit dem Boot hat leider zwei Nachteile: Sie sind voll mit lauten Touristen, und die Tickets sind sündhaft teuer! Die Lösung: **ein Schiff suchen, mit dem nur Londoner sich über die Themse schippern lassen**. Mein Favorit ist die Greenwich Ferry. Sie fährt an den wichtigsten Londoner Sehenswürdigkeiten vorbei, und wer will, kann das Royal Observatory besuchen, wo einem die mittlere Greenwich-Zeit detailreich erklärt wird.

BLUMENMARKT AN DER COLUMBIA ROAD
Columbia Road, E2 7RG London
www.columbiaroad.info

Mit seinen hippen Besuchern und Vintage-Shops, von denen es mehr gibt als Fish-and-Chips-Läden (!), ist Shoreditch nördlich des Londoner Zentrums *the place to be*. An Sonntagen kann man hier herrlich **brunchen, Blumen kaufen und das Treiben auf der Columbia Road beobachten**. Die perfekte Art, den Wochenend-Hangover zu vergessen. Tipp: frühzeitig starten (der Markt öffnet um 8 Uhr), dann ist noch nicht so viel los.

HIGH TEA TIME – CLARIDGE'S
Brook Street, W1K 4HR London
www.claridges.co.uk

Gibt es frischen Tee und rosa Törtchen, dann: *count me in!* Denn High Tea zählt zu meinen Lieblingsaktivitäten in London. Obwohl es durchaus eine Menge attraktiver Hotspots gibt, die ihn anbieten, wage ich zu bezweifeln, dass eine andere Location dem Claridge's **mit seinem nostalgischen grün-weißen Setting, den dazu passenden Teetassen und den** *mini finger sandwiches,* **die man sich kaum anzufassen traut**, das Wasser reichen kann. Ein absolutes Must, wenn man London besucht.

ESSENSTIPP NR. 1
ZUCKERWATTE-EIS – MILK TRAIN
44 Bedford Street, WC2E 9HA London
www.instagram.com/milktraincafe

Den besten Instagram-würdigen Nachtisch in London gibt es bei Milk Train. **Softeis mit den tollsten Toppings** (rosa Streusel! Smarties! Karamell und Meersalz!) und **das Ganze verpackt in … Zuckerwatte!** Manche Kreationen sehen so schön aus, dass es fast schade ist, sie zu essen. Aber nur fast. ☺

TAKE IT HOME
FORTNUM & MASON
181 Piccadilly, W1A 1ER London
www.fortnumandmason.com

Der Dezember ist eine herrliche Zeit für einen London-Besuch: Dann sind die gigantischen Einkaufsstraßen und alten Bauwerke mit Abertausenden von Lichtern illuminiert … super romantisch! Wer zum Beispiel als Weihnachtsgeschenk auf der Suche ist nach **typisch britischen Traditionsprodukten**, wird bestimmt bei Fortnum & Mason fündig: Stilton, Tees, Scones, Marmelade und sogar süße Teeservice und Plaids findet man hier.

THE SHOP AT BLUEBIRD
350 King's Road, SW3 5UU London
www.theshopatbluebird.com

Der Concept-Store Bluebird befindet sich in einem prachtvollen Art-déco-Gebäude an der King's Road und bietet ein interessantes Angebot an Mode und Schönheitsprodukten … und die Blink Spa & Brow Bar. Hier bekommst du Gesichtsbehandlungen (mit natürlichem Rosenwasser oder grüner Erde), Augenwimpern im Kardashian-Stil und die perfekten Augenbrauen. **Wetten, dass du den Laden als Idealbild deiner selbst wieder verlässt?**

DOVER STREET MARKET
18-22 Haymarket, SW1Y 4DG London
london.doverstreetmarket.com

Eine tolle Adresse für unkonventionelle Mode, Accessoires und Einrichtungsgegenstände von Marken wie Raf Simons, Comme des Garçons, Jacquemus oder The Row – **und das alles auf mehrere überschaubare Etagen verteilt**. Eine tolle Abwechslung zu den gigantischen Kaufhäusern in der Nähe. Wer eine Pause braucht, kann sich in der Rose Bakery mit einem Obst-Crumble und einer großen Tasse Tee stärken.

PARTY MIT DEINEN BESTIES

MOOD 5

LAZY SUNDAY

> Für mich bedeutet Schönheit, sich in der eigenen Haut wohlzufühlen.

GWYNETH PALTROW

BASIS

Yeah, Sonntag ... Endlich ausschlafen, mit den besten Freundinnen extralang brunchen (mit Croissants, frischem Obst und Prosecco), mit dicken Socken, heißem Tee und ein paar Zeitschriften in einem Sessel lümmeln. Ausklingen lässt du den Tag mit deinem Lieblingsfilm und einer großen Schale Popcorn. **An diesem Tag, an dem Ruhe und *Q-Time* angesagt sind, kommen die bequemsten Outfits zum Einsatz** – auch, um das Extrastück Torte zu kaschieren!

MOODS & STYLING-TIPPS

Mood	*Style it!*
COUCH-POTATO	**SEIDENER SCHLAFANZUG VON OLIVIA VON HALLE**
Es überrascht dich sicher nicht, dass ich auch in puncto Schlafanzügen Ansprüche an das Outfit habe – gibt es etwas Angenehmeres als einen seidenen Pyjama? Seide vermittelt ein Gefühl von Luxus und Ruhe und **lotst dich stilvoll durch deine sonntäglichen Aktivitäten**.	
HIS & HERS	**UNTERWÄSCHE VON CALVIN KLEIN**
Immer eine gute Idee: seinen sonntäglichen *sleepy mode* ausnützen und die superbequeme Unterwäsche stehlen. Ich finde es witzig, seine Boxershort von CK anzuziehen, außerdem ist es total hip, den Bund mit dem berühmten Namen aus der Jogginghose hervorlugen zu lassen!	
WARM & KUSCHELIG	**GEFÜTTERTE SLIPPER VON GUCCI & UGG BOOTS**
Während du dich für die nötige Kuscheleinheit unter der Woche damit begnügen musst, kurz mit deiner Katze zu schmusen, kannst du dich an Sonntagen total gehen lassen und **deine Füße in superweiche Schuhe stecken** – mit Fell gefüttert, versteht sich! Über UGG wurde schon viel diskutiert, ich kann nur sagen: Es leben die UGG Boots!	

BEAUTY

HAARE
Messy bed head day! Lass deine Haare einfach so, wie sie sind. Vielleicht ist es dir noch nicht aufgefallen, aber Mutter Natur schafft das allerschönste Volumen, wenn du sie gewähren lässt und Kamm und Bürste mal eine Pause gönnst.

MAKE-UP
Frauen, die sonntags viel Make-up auftragen, machen etwas falsch: **Heute ist Natur pur angesagt!** Nur etwas Tagescreme auftragen und die Haut einfach mal einen ganzen Tag atmen lassen – du wirst überrascht sein, wie deine Haut am nächsten Tag wirkt …

BEAUTY-PRODUKT NR. 1
Eine pflegende Gesichtsmaske mit reinigender grüner Erde und dazu ein Vollbad mit extra viel Schaum.

3 THINGS TO DO TODAY

Da ich ein ziemlich rastloses Leben führe (Understatement! ☺), versuche ich, mir die Sonntage weitestgehend freizuhalten. Schon die Aussicht darauf wirkt beruhigend, sogar zu Wochenbeginn! Weil ich nicht zu denen zähle, die den ganzen Tag chillen können, nehme ich mir immer ein paar kleine Dinge vor, die mich total entspannen – egal, wo ich mich gerade auf der Welt aufhalte. Hier kommen meine drei Lieblings-Sonntagsbeschäftigungen:

DEIN GANZ PERSÖNLICHES SPA
Apropos Vollbad: Wenn die Woche Spuren hinterlassen hat und du eine Extraportion Verwöhnprogramm brauchst, **dann gestaltest du dir am Sonntag am besten dein ganz persönliches Spa** – mit Produkten, die du wahrscheinlich sowieso immer zu Hause hast:
1. *Get in the mood.*
2. Handy und Rechner ausschalten (nicht nur auf lautlos stellen!).
3. Bequeme *loungewear* und weiche Handtücher bereitlegen.
4. Passende Musik auflegen (Sade ist mein absoluter Favorit!) oder eine beruhigende Meditations-App einschalten, eine Duftkerze (mit deinem Lieblingsduft) anzünden – für mich natürlich von SANUI ☺.
5. Heißes Wasser in die Badewanne einlaufen lassen, einige Tropfen ätherisches Öl und ein paar Rosenblätter zugeben …
6. … und entspannen.

SONNTAG IST MARKTTAG
Sonntag ist der perfekte Tag für einen Bummel über einen Markt. Das erinnert mich immer an meine Kindheit oder an Szenen aus alten französischen Filmen. Bunte Blumen, frisches Obst und Gemüse, Nüsse, köstliche lokale Spezialitäten: **Ich kann stundenlang über Märkte schlendern, egal, wo ich gerade in der Welt unterwegs bin.** *Foodie much?!*

SONNTAGSBRUNCH
Egal, wie mein Sonntag anfängt oder was ansteht, eines ist sicher: Ein ausführlicher Brunch mit einem weich gekochten Ei, Toast, Saft und Granola mit Joghurt und frischem Obst gehört dazu.

HAUSGEMACHTES GRANOLA

- 300 g Haferflocken (oder Dinkel- oder Quinoaflocken)
- 180 g Nuss- und Saatenmischung (Walnüsse, Haselnüsse, Mandeln, Pekannüsse, Chiasamen, Leinsamen)
- 125 ml Apfelsaft
- 100 ml Agavensirup (oder Honig)
- 60 ml Kokosöl
- 1 EL Vanilleextrakt
- ½ TL Zimt
- 180 g Trockenobst (Rosinen, Pflaumen, Pfirsiche, Cranberrys), klein geschnitten
- 1 Handvoll Kokosraspel

Den Ofen auf 160 °C vorheizen. Haferflocken und Nuss- und Saatenmischung in eine Schüssel geben. Apfelsaft, Agavensirup, Kokosöl, Vanilleextrakt und Zimt in einem Topf vermischen und auf niedriger Stufe erhitzen. Den Sirup zu den trockenen Zutaten in der Schüssel geben und das Ganze durchrühren, bis die Zutaten vollständig mit dem Sirup überzogen sind. Die Mischung auf einem mit Backpapier ausgelegtem Backblech verteilen und im Ofen in etwa 40 Minuten goldbraun backen; alle 15 Minuten einmal durchrühren, damit das Granola gleichmäßig gebacken wird.
Das Granola aus dem Ofen nehmen und vollständig abkühlen lassen.
Das klein geschnittene Trockenobst und die Kokosraspel untermischen. Granola in einem luftdicht verschließbaren Behälter aufbewahren.

INSPO KIT

FARBE
Warme weiche **Nude-Töne**, hautfarben und Camel.

MATERIAL
Unbedingt kuschelig und luxuriös – also **Kaschmir und Seide**.

DUFT
Ein Wohlfühlduft, den du mit deinen sonntäglichen Lieblingsleckereien ganz einfach **selbst zubereiten kannst**: *chocolate chip cookies* und Chai Tea Latte.

STILIKONEN
OLSEN TWINS
Auch wenn sie den Tagen von *Full House* schon längst entwachsen sind, **sind Mary-Kate und Ashley für mich immer noch ein Sinnbild für die Gemütlichkeit, die mit einem Haus voll mit Verwandten und Freunden einhergeht**. Ihr derzeitiger lässiger, aber schicker Bohemienstil, inklusive Oversized-Maxikleidern, Strickjacken, großen Schals und Bin-gerade-aufgestanden-Frisuren, ist genau das Richtige für einen Sonntag.

KRISTEN STEWART
Nicht jeder, der als Kind bereits berühmt war, kommt damit gut klar, aber Kristen Stewart schon. **Ihr relaxter Stil ist eine hervorragende Inspirationsquelle für den Sonntag**, denn wer den roten Teppich in Jeans und Sneakers (!) betreten kann, schätzt auch am Ruhetag bequeme Kleidung und eine *messy* Frisur.

WELLNESSTIPP
Sonntag ist Ruhetag. Punkt. Wenn es dir, wie mir, schwerfällt, loszulassen, ist heute der Tag, um das ganz bewusst zu tun. Dazu gehört auch: alle elektronischen Apparate ausschalten – ja auch aus Facebook und Instagram auszuloggen – **und einen langen Spaziergang machen oder sich mal allein in ein Straßencafé setzen**. So kannst du die Akkus für die kommende Woche wieder richtig aufladen.

UND WIESO NICHT MAL …
… auf einen **100 % natürlichen Look** setzen? Weniger Make-up bedeutet mehr Zeit zum Brunchen! Also höchstens eine dünne Schicht BB Cream (Blemish Balm – sehr vielseitig;

feuchtigkeitsspendende Tagescreme, Foundation und Sonnenschutz in einem) auftragen und mehr nicht.

TRAUMORT: ANTWERPEN

Oft werde ich gefragt, ob ich nicht lieber in einer bekannten Modestadt wie Paris, NYC oder London wohnen würde. Ehrlich gesagt: Nein, denn ich liebe meine Heimatstadt Antwerpen sehr! Aus geografischer Sicht ist die Stadt ideal gelegen, um viel von der Welt zu sehen (mit dem Zug ist man im Nu in Paris oder London!).
Aber auch die urgemütliche Atmosphäre, die ich nicht mal so richtig beschreiben kann, ist einmalig. Es ist einfach ... Heimat. Außerdem: Da Designergrößen wie Demna Gvasalia (Vetements) und Raf Simons ihre Modeausbildung hier absolviert haben, kann Antwerpen ja so schlecht nicht sein. ☺
So gesehen nicht verwunderlich, dass meine Liste mit Traumwohnorten nicht arg lang geworden ist!

MOOD MATCH
Weil nichts *home, sweet home* toppen kann ...

HOME AWAY FROM HOME
THE APARTMENT
Graanmarkt 13, 2000 Antwerpen
graanmarkt13.com/apartment
Zunächst hatten die Inhaber von Restaurant/Concept-Store/Kunstraum Graanmarkt 13 die Absicht, die oberste Etage des prachtvollen historischen Hauses in B&B-Zimmer aufzuteilen, aber diesen Plan haben sie zum Glück aufgegeben. Heute beherbergt die Etage ein einziges Apartment für sechs Personen, das man mieten kann – **inklusive Wohnzimmer mit Kamin und einer Terrasse mit Blick auf einen der schönsten Flecken Antwerpens**. Ideal für ein aufregendes Wochenende mit deinen besten Freundinnen.

3 MUST-DOS
MOMU FASHION MUSEUM
Nationalestraat 28, 2000 Antwerpen
www.momu.be
Mit Absolventen wie Dries Van Noten, Raf Simons oder Martin Margiela (um nur einige

bekannte zu nennen!) beweist die Antwerp Royal Academy of Fine Arts, dass sie **eine der besten Mode-Ausbildungen weltweit** anbietet. Schon deshalb ist das MoMu (und der dazugehörige Buchladen) einen Besuch wert.

HISTORY, BABY!
Das historische Zentrum Antwerpens zählt mit dem erst vor Kurzem vollständig restaurierten Hauptbahnhof, dem ehemaligen 450 Jahre alten Rathaus und der prachtvollen gotischen Kathedrale auf dem zentralen Grote Markt zu den am besten erhaltenen Innenstädten Europas. **Ein Stadtbummel durch die engen Gassen der Altstadt ist auch heute noch eine meiner Lieblingsbeschäftigungen!**

BALTIMORE BLOEMEN
Orgelstraat 6, 2000 Antwerpen
www.baltimorebloemen.be
Wenn du, wie ich, immer auf der Suche bist nach den schönsten Blumen für dein Zuhause, dann solltest du Baltimore Bloemen aufsuchen. Hier gibt es sehr originelle Kreationen – kein Wunder, denn der Eigentümer ist **kein Geringerer als der Gestalter der viel diskutierten *flower walls*** für Diors Haute Couture Modenschau von **Raf Simons**. Tja: Wo Blumen und Mode zusammentreffen, kann doch nur Gutes rauskommen!

ESSENSTIPP NR. 1
BELGISCHE SCHOKOLADE —
PIERRE MARCOLINI (mehrere Läden)
be.marcolini.com
Dieses Klischee stimmt: **Belgische Schokolade ist die Beste, die es gibt!** Wer Antwerpen besucht, sollte deshalb unbedingt beim bekannten Chocolatier Pierre Marcolini vorbeischauen und so viel Schokolade einkaufen, wie in den Koffer passt. Tipp: neben den Klassikern die Karamell- und Mont-Blanc-Éclairs probieren – einfach himmlisch …

TAKE IT HOME
ENES
Volkstraat 58, 2000 Antwerpen
www.enes.be
Mein Lieblingsladen in Antwerpen ist Enes, ein Modeladen, der sich seit Kurzem in einem prachtvollen Haus befindet. Die Kollektion ist eine **perfekte Mischung aus klassisch und ausgefallen**, aber zeitlos. Vor allem liebe ich die Lederhosen und die mit Schafswolle gefütterten Mäntel, aber eigentlich habe ich hier immer Mühe, mich zu entscheiden.

THE RECOLLECTION
Kloosterstraat 54, 2000 Antwerpen
www.therecollection.com
Auf der Suche nach **dem einen Gegenstand, der dein Interieur enorm aufwerten würde**? Dann ist The Recollection im Antikviertel Antwerpens die richtige Adresse. Hier gibt es pfiffige Hocker, elegante Lampen (die sonst schwer zu finden sind!), Kuscheldecken und natürliche Pflegeprodukte – und das alles vor einer unwiderstehlichen Kulisse.

MOOD 6
GLAMOURÖS

> Mehr ist mehr und weniger ist langweilig.

IRIS APFEL

BASIS

Heute ist sie da, die ganz besondere Gelegenheit, die du schon so lange herbeigesehnt hast. Ob das Jubiläum eurer ewigen Liebe, die Geburt des schönsten Babys der Welt oder zehn Jahre Spaß mit deinen besten Freundinnen — **ein solcher Moment verdient ein glamouröses Outfit, mit dem du auch mühelos den roten Teppich beschreiten kannst**. Und das Schönste an einer solchen Investition: Das Outfit wird jedes Mal Erinnerungen hervorrufen, wenn du es hervorziehst. Dann stimmt es also doch: Mode ist mehr als nur ein Stück Stoff.

MOODS & STYLING-TIPPS

Mood	*Style it!*
DAS KLEID	**DREAM DRESS VON ELIE SAAB**

Angeblich träumen ja alle kleinen Mädchen von Prinzessinnenkleidern. Aber ist es wirklich sinnvoll, das ganze Gehalt, das man als Erwachsener verdient, in das ultimative Traumkleid zu stecken? **Ein Glitzerkleid, ein kurzes in Knallrot oder eines mit Bustier und voluminösem Ballonrock tun es auch** – zeitlose Entwürfe, die sich für jeden festlichen Anlass eignen.

DICH VON DEINER BESTEN SEITE ZEIGEN	**PUMPS VON JIMMY CHOO**

Manchmal sind flache Schuhe angesagt, und manchmal müssen es schon Sky Heels sein. Heute ist der Tag für hohe Absätze. **Ob das bequem ist, spielt jetzt wirklich keine Rolle – dafür deine Beine und Taille umso mehr!** Also einfach in die funkelnagelneuen Pumps schlüpfen und eine Woche lang für das Event üben (ein Sturz à la Jennifer Lawrence ist nun wahrlich nicht sonderlich glamourös). Dann kann der große Auftritt kommen!

GENERATION NEXT	**SCHMUCK VON CARTIER**

Wer kein Vermögen für Accessoires ausgeben möchte, der sollte sich für **ein stilvolles Schmuckstück entscheiden**, zum Beispiel ein Love-Armband von Cartier. Das kannst du anschließend an deinen Lieblingsverwandten oder deine Busenfreundin weitergeben. Denn das Einzige, was noch schöner ist, als Erinnerungen zu schaffen, ist, sie mit jemandem zu teilen.

BEAUTY

HAARE
Hochgesteckte Haare sind noch immer meine Lieblingsfrisur für den roten Teppich. Wer sich so zu streng findet, kann vorne einen **Mittelscheitel** ziehen und den mit etwas Haarspray fixieren.

MAKE-UP
Smokey Eyes sind perfekt für glamouröse Anlässe. Um die Aufmerksamkeit auf sie zu lenken, sollte das restliche Make-up möglichst neutral gehalten werden. Du möchtest mal etwas anderes ausprobieren? Wie wäre es mit einem Smokey-Effekt in **Kupfer** statt Schwarz?

BEAUTY-PRODUKT NR. 1
Mein Tipp für den Roten-Teppich-Körper: gutes Hautöl. **Reibe deinen Körper vor dem Anziehen mit einem feuchtigkeitsspendenden, natürlichen Öl ein** – ich nehme immer Kokosöl! So wird deine Haut wunderbar strahlen, auch auf Fotos. Wichtig: Ölreste gut entfernen, denn die können hässliche Flecken in deinem Outfit verursachen.

MANIKÜRE SELBST GEMACHT

Eine perfekte Maniküre ist das i-Tüpfelchen für jeden Look. Wer aber schon viel Geld für das Outfit seiner Träume, für Gebäck und kleine Geschenke für die Gäste ausgegeben hat, muss vielleicht sparen. Lösung? Einfach selbst loslegen! Die nächsten sechs Schritte lotsen dich zu makellos schönen Fingernägeln:

1. **Vorbereitung**: Die Nägel gründlich mit einem milden Nagellackentferner reinigen und von Nagellack, Schmutz und Öl befreien.
2. **Nagelhaut entfernen**: Setze dich an einen Tisch (nicht auf ein Sofa!) und lege ein Papiertuch unter deine Nägel, damit keine Flecken auf dem Tisch entstehen. Gib etwas Öl auf die Nagelhaut und massiere es sanft ein, um die Haut weicher zu machen. Anschließend kannst du die Haut mit einem speziellen Stäbchen vorsichtig zurückschieben und abstehende Haut mit einer speziellen Zange entfernen.
3. **Feilen**: Bring deine Nägel mit einer Feile in Form (ich verwende immer eine Glasfeile).

4. **Unterlack**: Trag eine dünne Schicht Unterlack auf. Sie schützt nicht nur, sondern sorgt auch dafür, dass der Nagellack besser hält. So mache ich es: Zuerst einen Streifen in der Mitte des Nagels anbringen und anschließend links und rechts davon.
5. **Farbe**: Sobald der Unterlack völlig trocken ist, zwei dünne Schichten Nagellack auftragen. Nach der ersten Schicht so lange warten, bis sie vollständig getrocknet ist (sehr wichtig!).
6. **Korrigieren & Überlack**: Etwaige Fehler mit einem Wattestäbchen korrigieren und anschließend einen glänzenden oder matten Überlack zum Schutz deiner lackierten Nägel anbringen.

3 THINGS TO DO TODAY

Wer einen besonderen Tag zu einem Erfolg machen will, sollte gerade auch auf die Details achten. Nimm dir Zeit für deine Vorbereitung, sodass du als Idealversion deiner Selbst auf Fotos verewigt wirst. Bereite ein symbolisches Geschenk für deine beste Freundin vor, das sie garantiert zu Tränen rühren wird – so wird der Tag noch unvergesslicher. Und vergiss auch nicht, dich zwischendurch selbst zu verwöhnen, zum Beispiel mit einer dekadenten Leckerei!

FERTIG FÜRS FOTO

Wer bei einem „spontanen" Selfie schon eine halbe Stunde braucht, um darauf gut auszusehen, der weiß, **dass es nicht einfach ist, „fotogen" rüberzukommen**. Zum Glück habe ich in all den Jahren (und nach zahllosen peinlichen Fotomomenten) ein paar Tipps und Tricks gesammelt, die zu Fotos führen, die man gerne aufhängt:
1. **Üben, üben, üben!** Wie so vieles im Leben kann man gutes Posieren üben – vor dem Spiegel oder mit dem Selbstauslöser deiner Fotokamera. Ja, angenehm ist das nicht, aber immer noch weniger schlimm als all die peinlichen Fotos, die für immer in das Familienalbum kommen.
2. **Entdecke deine bessere Seite.** Da ein Gesicht nie ganz symmetrisch ist, ist die Wahrscheinlichkeit groß, dass eine Seite deines Gesichts fotogener ist als die andere.
3. **Entspannen!** Wenn du angespannt bist, wirkst du auf einem Foto nicht natürlich. Deshalb: Schultern locker lassen und lächeln!
4. **Sei natürlich.** Eine steife Haltung wirkt immer irgendwie abwehrend, versuche also einfach möglichst natürlich zu bleiben: Stelle ein Bein vor das andere, fahr dir mit einer Hand durch die Haare und blick erst auf, wenn das Foto tatsächlich gemacht wird – oder mach das altbewährte Victory-Zeichen, um etwas Leben in das Bild zu bringen.
5. **Passbilderblick vermeiden.** Wenn du wie Victoria Beckham und Kim K dein eigenes Lachen nicht besonders magst, dann ist das kein Problem. Wichtig ist nur, dass du etwas Ausdruck in dein Gesicht bringst, zum Beispiel, indem du deinen Mund leicht öffnest, deinen Kopf etwas zur Seite neigst oder mit den Augen nach oben oder unten blickst.

EINE PERSÖNLICHE NOTE

Egal, ob du zur Hochzeitsfeier deiner besten Freundin oder zur Babyparty bei deiner älteren Schwester eingeladen bist: Zu einem so wichtigen Anlass gehört ein ganz besonderes Geschenk. Da eure Beziehung etwas ganz Spezielles ist, **bietet sich ein symbolisches Geschenk mit einer sehr persönlichen Note an**: ein Foto von euch beiden in einem schönen Rahmen, das Parfum, das ihr euch bei eurem Paris-Besuch gekauft habt, die Torte, die ihr beide so liebt ... Wetten, dass du damit all den anderen Geschenken den Rang abläufst?

GÖNN DIR WAS

Zu einem lebensverändernden Moment gehört nicht nur ein dekadentes Kleid, sondern auch ein dekadentes Gericht. Enter: warme Moelleux au Chocolat! Warm, saftig, elegant (weil französisch) und schnell zubereitet. Einfach versuchen!

DEKADENTE MOELLEUX AU CHOCOLAT MIT WARMER HIMBEERCOULIS
FÜR 4 PORTIONEN

- 50 g Butter
- 75 ml Kokosöl
- 125 g Bitterschokolade (mindestens 75 % Kakao)
- 3 große Eier
- 100 g Rohrohrzucker
- 40 g Mehl
- 1 Msp. Backpulver

Für die Coulis
- 50 ml Wasser
- 200 g rotes Beerenobst (TK)
- 50 g Rohrohrzucker

Den Ofen auf 200 °C vorheizen und die Muffinform einfetten. Butter, Kokosöl und Schokolade in einem Topf auf niedriger Stufe schmelzen. Topf vom Herd nehmen, abdecken (damit die Masse nicht fest wird) und beiseitestellen. Eier mit dem Zucker verquirlen. Mehl mit Backpulver unter die Eiermasse mischen. Schokoladenbutter hinzugeben und alles gründlich vermischen.
Den Teig in die Muffinform verteilen und 10–12 Minuten im Ofen backen, bis die Moelleux aufgegangen, aber noch nicht ganz fest sind. Für die Coulis alle Zutaten in einem kleinen Topf 2 Minuten auf niedriger Stufe erwärmen, bis das Wasser größtenteils verdunstet ist. Die Coulis über die Moelleux verteilen und sofort servieren.

INSPO KIT

FARBE
Kräftige Farben wie Bordeauxrot, Smaragdgrün oder Königsblau wirken edel und elegant. Ach ja, es geht natürlich nicht, dass du auf der Hochzeit deiner besten Freundin in Weiß erscheinst. Du solltest ihr keinesfalls die Show stehlen!

MATERIAL
Auch hier sind edel und elegant die Schlüsselbegriffe: **Seide und Satin zählen nicht umsonst zu den beliebtesten Stoffen für den roten Teppich.** Sie schimmern prachtvoll und wirken – anders als Pailletten und Stoffe mit Metallic-Glanz – nie billig.

DUFT
Schwer, zeitlos und exklusiv: **Ambrette**, der einzige **Moschusduft**, den die Natur selbst liefert, ist der ideale Begleiter für diesen einmaligen Moment.

STILIKONEN
ANGELINA JOLIE
Mit ihrer Größe, den vollen Lippen und Tattoos ist Angelina Jolie immer eine Ausnahmeerscheinung auf dem roten Teppich. Die meisten ihrer glamourösen Looks haben sich in mein Gedächtnis eingebrannt (wie etwa das dunkelgrüne Versace-Kleid bei den Golden Globes 2011). Ich bin schon sehr gespannt, womit sie uns demnächst wieder überrascht …

LUPITA NYONG'O
Sie ist mein neuester Schwarm, was auch mit dem heiß diskutierten hellblauen Prinzessinnenkleid von Prada zu tun hat, das sie bei der Oscar-Verleihung 2014 trug. **Mit ihrem strahlenden Teint und dem tollen Lächeln wertet sie alles auf, was sie trägt.** Würde mir orangefarbener Lippenstift so gut stehen, ich würde mich nie wieder abschminken!

WELLNESSTIPP
Die größte Gefahr bei lang ersehnten Events ist die, dass man sich selbst zu sehr unter Druck setzt (*bridezilla much!*). Deshalb: **Halte dich nicht zu sehr mit Details auf, sondern versuche zu genießen**: Das hier ist dein Moment und daran kann auch eine nicht ganz so perfekte Maniküre nichts ändern.

UND WIESO NICHT MAL ...
... statt klassischem Rot eine dunkle Variante wie Bordeauxrot oder Aubergine auf den Lippen ausprobieren? Diese Farben passen wunderbar zu fast jedem Hauttyp! Aber Achtung: nicht vergessen, etwas Vaseline auf die Vorderzähne aufzutragen, um zu vermeiden, dass die auffällige Lippenfarbe auf die falsche Stelle abfärbt.

TRAUMORT: LOS ANGELES

Kalifornien ist ein Land der Extreme: Es hat den lässigsten **boho vibe** (jeder kennt das typische *Cali-Girl*, das in einem luftigen Maxikleid und barfuß zum Coachella Music Festival geht), aber auch die glamouröse Hollywoodszene mit mehr Glitter und Glamour, als man sich vorstellen kann. ☺ Ich war schon einige Male in LA, aber erst vor Kurzem habe ich die Stadt so richtig entdeckt – während eines Roadtrips mit meinem Freund durch die USA (über Las Vegas, LA, den Joshua Tree National Park und den Grand Canyon). Hier folgen meine Must-Dos!

MOOD MATCH
Nirgendwo auf der Welt gibt es mehr Glamour als in der Stadt der Engel und Celebritys!

HOME AWAY FROM HOME
BEVERLY HILLS HOTEL
9641 Sunset Boulevard, Beverly Hills, CA 90210
www.dorchestercollection.com/en/los-angeles/the-beverly-hills-hotel
Wenn ich verrate, dass dieses namhafte Hotel auch „The Pink Palace" genannt wird, dann ist sofort klar, wieso es zu meinen Lieblingshotels zählt. ☺ **Außer der bekannten *pink pool side* hat das Beverly Hills Hotel auch eine großartige Frühstückskarte (sehr wichtig!).** Geheimtipps: das Frühstücksei, die Pancakes, die belgischen Waffeln mit frischem Obst (natürlich) und – als Nachmittagssnack – Parmesan Fries.

HOTEL BEL-AIR
701 Stone Canyon Road, Los Angeles, CA 90077
www.dorchestercollection.com/en/los-angeles/hotel-bel-air
Auf der Suche nach einem ruhigen Ort, an dem man der Hektik der Stadt entfliehen kann? Dann ist das Hotel Bel-Air mit seinem schattigen *swan lake* und dem von hohen Palmen gesäumten Pool genau das Richtige! In diesem Hotel gibt es so viel zu entdecken, da wird einem nie langweilig.

THE LINE HOTEL
3515 Wilshire Boulevard, Los Angeles, CA 90010
www.thelinehotel.com
Die ebenso klassische wie moderne Atmosphäre der Zimmer (inklusive Sichtbetonwänden und tollem LA-Panorama) ist an sich schon Grund genug, eine Nacht in diesem Hotel zu verbringen. Noch mehr Gründe nötig? **Der Speisesaal im Wintergarten ist so angenehm kühl und luftig, dass man nach dem Frühstück gerne noch eine Weile sitzen bleibt.**

3 MUST-DOS
ABBOT KINNEY BOULEVARD SHOPPING
Abbot Kinney Boulevard, Los Angeles,
CA 90291
www.abbotkinneyblvd.com
Die originellsten Läden von LA findet man am Abbot Kinney Boulevard nahe dem Venice Beach. Wer hübsche Einrichtungsgegenstände, bezahlbare Gadgets oder ein luftiges Sommerkleid sucht, wird hier sehr wahrscheinlich fündig. Übrigens: **Beliebt ist die Straße wegen der vielen poppigen Graffitis gerade bei Instagrammern mit einem Faible für schöne Orte (sind wir das nicht alle?).**

GRIFFITH OBSERVATORY
2800 East Observatory Road, Los Angeles,
CA 90027
www.griffithobservatory.org
Wer LA besucht, sollte unbedingt einen Ausflug zum berühmten Hollywood-Schriftzug einplanen. Das Griffith Observatory ist auf einem der höchsten Punkte der Stadt gelegen und bietet einen spektakulären Blick auf die Hollywood Hills und den Rest der Stadt. **Bester Moment: an einem sonnigen Tag** (nicht schwer in Kalifornien) **kurz vor Sonnenuntergang**. Dann badet die ganze Stadt in goldenem Licht. Einfach unvergesslich!

SANTA MONICA PIER
200 Santa Monica Pier, Santa Monica,
CA 90401
www.santamonicapier.org
LA hat viele schöne Strände, aber der **Santa Monica Pier und der daran grenzende Strand** sind etwas ganz Besonderes. Mit dem enormen Angebot an Freizeitaktivitäten kann man hier problemlos einen ganzen Tag verbringen – surfen, Rad fahren, Achterbahn oder Riesenrad fahren (unbedingt mit Zuckerwatte) und natürlich am Strand liegen.

ESSENSTIPP
BUTTERSCOTCH POT DE CRÈME – GJELINA
1429 Abbot Kinney Boulevard, Venice,
CA 90291
Von all den Köstlichkeiten, die ich in LA gegessen habe (und das waren einige!) war Gjelina's butterscotch pot de crème die Allerbeste. **Es handelt sich dabei um eine Art Karamell-trifft-Meersalz-trifft-Sahne-Kombination, die auf der Zunge zergeht.** Ein ganz schön schwerer Nachtisch, den man sich – aus diesem Grund – gut teilen kann. Muss man aber nicht, wenn man nicht will ☺!

TAKE IT HOME
SALTED CARAMEL CREAM – SALT & STRAW
(mehrere Filialen)
www.saltandstraw.com
LA ohne Eis geht gar nicht – das Beste gibt es bei Salt & Straw. Hier bekommt man Sorten wie *sea salt with caramel ribbons*, *chocolate gooey brownie* oder *double fold singing dog vanilla*. Etwas ganz Besonderes, was übrigens auch für die *salted caramel cream* gilt. **Also unbedingt etwas davon mit nach Hause nehmen, um das Vanilleeis im „LA style" zu garnieren!**

PLANTS & THINGS – THE JUICY LEAF
5725 Figueroa Street, Los Angeles,
CA 90042
www.thejuicyleaf.com
Wer einen grünen Daumen hat (oder einfach nur schöne Dinge aus der Natur liebt), der sollte bei The Juicy Leaf vorbeischauen. Hier gibt es neben tollen Pflanzen auch Blumen. Hast du keine Möglichkeit, einen Minigarten im Flugzeug zu transportieren, **dann kannst du ja auch ein hübsches Gesteck, eine Vase oder ein anderes Accessoire kaufen**. Bei meinem letzten Besuch habe ich einen supercoolen diamantbesetzten Schädel erstanden!

MOOD 7

ROMANTIC DATE NIGHT

"

Laufe immer so, als wären drei Männer hinter dir.

OSCAR DE LA RENTA

BASIS

Zugegeben: Nach zehn Jahren Beziehung gerät die Bedeutung eines romantischen Abends zu zweit manchmal etwas aus dem Blickfeld. Aber ob man erst vier Monate oder schon 30 Jahre zusammen ist, **was ist schöner, als den Freitagabend in trauter Zweisamkeit zu verbringen? Dafür muss man nicht einmal das Haus verlassen**. Denn ein superromantischer (und spannender) Abend klappt zu Hause genauso gut – solange das Outfit stimmt und sitzt ☺.

MOODS & STYLING-TIPPS

Mood	*Style it!*
DEN TAG ZUR NACHT MACHEN	**SLIP DRESS VON CALVIN KLEIN**

Kann man ein abendliches Date Wochen vorher planen? Warum nicht? Aber auch an Tagen, an denen man morgens spontan beschließt, dass heute der große Tag ist, **fällt es leicht, das richtige Kleidungsstück auszuwählen, das sich der jeweiligen Tageszeit perfekt anpasst**: den Slip Dress. Tagsüber wird das Kleid mit einem weiten Pullover, Oversized-Blazer und Sneakers kombiniert, die man auf dem Nachhauseweg gegen einen knöchellangen Mantel und sexy Pumps eintauscht. Herrlich, wenn du der Liebe deines Lebens so signalisierst, dass du dich schon den ganzen Tag mit dem Abend beschäftigt hast …

VERHEISSUNG	**DURCHSICHTIGE TOPS**

Sexy Lingerie ist immer gut, aber ziemlich eindeutig. **Manchmal ist da eine verheißungsvolle Andeutung reizvoller** und in diesem Sinne ist ein durchsichtiges Top ein guter Komplize. In Kombination mit einer hoch sitzenden, klassisch geschnittenen Hose und einer hübschen Weste auch für tagsüber sehr geeignet. So hat man schon wieder ein Outfit, das nicht nur abends, sondern den ganzen Tag ein gutes Gefühl vermittelt.

YOU CAN LEAVE YOUR HAT ON	**PUMPS VON LOUBOUTIN**

Eigentlich bedarf es keiner Wiederholung, aber: **date night = heels night**. Das beste Mittel, um das Feuer weiter anzufachen, sind hohe Absätze. Da das Gehen damit nun mal mehr Mühe bereitet als mit Sneakers, signalisierst du ihm gleichzeitig, **dass du durchaus bereit bist, etwas Energie in eure Beziehung zu stecken**. Wenn das keine gute Ausrede ist, um ein weiteres Paar dieser nicht ganz so praktischen Schuhe zu erstehen …

BEAUTY

HAARE

Zu meinen romantischen Lieblingslooks zählen die **Beach Waves**! Sie sind schnell gemacht, ein einfacher Lockenstab genügt. Oder am Vorabend die Haare waschen und einen Zopf flechten, das hat den gleichen Effekt. Morgens nur kurz ausschütteln, mit etwas Haarspray fixieren – fertig!

MAKE-UP

Ein Date ist der ideale Anlass, um den Fokus auf deine **Lippen** zu lenken. Sollen die Lippen der Eyecatcher sein, dann muss das restliche Make-up möglichst zurückhaltend bleiben. Wenn nicht, dann lassen sich tiefrote Lippen auch gut mit hellerem, kupferfarbenem Lidschatten kombinieren.

BEAUTY-PRODUKT NR. 1

Wichtig ist, dass deine Lippen besonders geschmeidig sind. Das erreichst du, indem du erst einen **pflegenden Balsam** aufträgst und dann deine Lieblingsfarbe. Noch besser: **Die Lippen zunächst mit einem Lipliner in der gleichen Farbe wie dein Lippenstift akzentuieren**. Gibt es die gleiche Farbe nicht, nimmst du eine etwas hellere Nuance (dunklere Lipliner sind tabu, die wecken peinliche Erinnerungen an die Neunziger).

MEIN CANDLE-LIGHT-DINNER-BEAUTYLOOK

Die Auswahl des geeigneten Looks für ein Date kann schwierig sein! Du willst klasse aussehen, aber nicht übertreiben ... Doch die Idealversion deiner Selbst mit leuchtenden Augen, strahlender Haut und geschmeidigen Lippen zu erreichen, ist einfacher, als du denkst:

1. Trage zunächst eine **leicht deckende, feuchtigkeitsspendende Foundation** auf, die nicht zu matt erscheint. Bester Farbton: **etwas heller** als die eigene Hautfarbe, denn bei Kerzenlicht sieht die Haut sowieso immer etwas dunkler aus.

2. Statt eines dunklen Rouge oder Bronzer **ein hellrosa oder rotes, leicht reflektierendes Rouge nehmen**, das der Haut ein schönes Feuer verleiht.

3. **Unreinheiten** und rote Flecken mit einem Concealer **kaschieren**.

4. Die **Augenbrauen** mit einem Augenbrauenstift und Browgel akzentuieren. Das definiert dein Gesicht mehr, als du denkst!

5. Betone deine Augen, indem du **auf dem oberen Lid Eyeliner aufträgst**. Verwende keinen Eyeliner unter den Augen, da sonst die Gefahr besteht, dass dies nach Augenringen aussieht. Für den **Lidschatten** bieten sich **Metallic-, Kupfer-, Taupe- und Grautöne** an. Lass dich nicht zu auffälligen Farben wie Grün, Lila oder Blau hinreißen (die sind für die Party mit deinen besten Freundinnen reserviert) ☺.

6. **Auf der Innenseite der Augen etwas Highlighter anbringen.** Das lässt sie mehr strahlen und größer erscheinen. Zum Schluss noch etwas Wimpertusche auftragen.

7. **Vergiss die Lippen nicht**: zuerst etwas Balsam und dann die Lieblingsfarbe!

3 THINGS TO DO TODAY

Ich bin keineswegs eine Beziehungsexpertin, aber während meiner zehnjährigen Beziehung habe ich einige Tricks gelernt, die ein abendliches Date unweigerlich zum Erfolg machen. Auf jeden Fall ist es wichtig, sich mindestens einmal die Woche Zeit für Zweisamkeit zu nehmen – ohne Arbeit oder Kids –, auch wenn einem nicht immer der Kopf danach steht. Die beste Voraussetzung für einen gelungenen Abend? Nicht zu kompliziert gestalten!

TREFFPUNKT VEREINBAREN

Wenn man schon eine Weile mit der Liebe seines Lebens zusammen ist, kann es durchaus eine Herausforderung darstellen, den Abend so zu gestalten, dass er spannend und ausgefallen wird. Wohnt man auch noch zusammen, besteht die Gefahr, dass das ganze Vorbereitungsritual und die Vorfreude – schließlich die halbe Freude – im alltäglichen Trubel untergehen. Es gibt jedoch ein probates Mittel, um das zu vermeiden: **Vereinbare mit deinem Partner einen Treffpunkt** (Restaurant, Kino, Park ...). So bekommt der Abend automatisch die nötige Aufmerksamkeit – Bauchkribbeln inklusive!

LIEBE GEHT DURCH DEN MAGEN

Keine Lust, das Haus zu verlassen (Winter!)? Dann spricht nichts dagegen, einen Abend in den eigenen vier Wänden zu verbringen und zusammen zu kochen. Keine Ahnung, was es zu essen geben soll? Dann denk doch mal an **Austern, Kaviar, Hummer, Honig, Trüffel, Spargel oder Ingwer** – du weißt schon, warum ... ☺

GET-IN-THE-MOOD-INGWERHUHN
FÜR 2 PERSONEN

- 2 Hühner- oder vegane Quornfilets
- 1 EL Honig
- 2 EL Wasser
- ½ EL Dijon-Senf
- ½ EL Ingwerpulver
- 1–2 Knoblauchzehen, geschält und zerdrückt
- Salz und Pfeffer (plus eventuell Cayennepfeffer für etwas Schärfe)

Den Ofen auf 180 °C vorheizen. Die Filets in eine flache Auflaufform legen. Honig, Wasser, Senf, Ingwer und Knoblauch (eventuell auch Cayennepfeffer) vermischen und die Mischung über die Filets gießen. Mit Salz und Pfeffer würzen und Filets 45–60 Minuten im Ofen garen (die Quornfilets höchstens 30 Minuten, da sie sonst austrocknen). Die Filets lassen sich auch in der Pfanne zubereiten. In dem Fall die Sauce erst nach dem Anbraten hinzugeben und dann alles noch 20 Minuten abgedeckt köcheln lassen.

PS: Obwohl Knoblauch eine aphrodisierende Wirkung nachgesagt wird, ist er nicht jedermanns Sache. Deshalb: notfalls die Menge reduzieren oder weglassen. ☺

INSPO KIT

FARBE
Schwarz: ideal, um zu vermeiden, dass durchsichtige oder spitzenbesetzte Kleidungsstücke billig erscheinen. Außerdem wirkt Schwarz geheimnisvoll ...

MATERIAL
Spitzen, Seide und Satin sind sexy und fühlen sich gut an!

DUFT
Ylang Ylang ist ein ungewöhnlicher, verführerischer Duft.

STILIKONEN
SARAH JESSICA PARKER
Nach den zahllosen NYC-Dates ihres Alter Egos Carrie Bradshaw ist SJP unsere Lieblings-

Date-Inspo. Yep, Carrie & Co. haben uns viele unvergessliche romantische Momente, Stiltipps und Sprüche beschert und – vielleicht noch wichtiger – **den Beweis, dass es für jeden mit seinem Mr. Big ein Happy End gibt.**

ROSIE HUNTINGTON-WHITELEY
Ob es an ihren vollen Lippen oder dem prachtvollen Haar liegt, auf jeden Fall sieht Rosie immer so aus, als wäre sie bereit für ein Date. **Eigentlich beruhigend, dass auch Jeans schick sein können** – solange man sie mit den richtigen Accessoires, ein paar tollen Pumps und roten Lippen kombiniert.

WELLNESSTIPP
Nicht umsonst hast du dein bestes Outfit gewählt – jetzt ist *payback time*! Oder anders gesagt: **der Moment, eine kostenlose Massage einzufordern.** Wichtig ist nur, dass dein Lieblings-Massageöl in Reichweite steht.

UND WIESO NICHT MAL ...
... mitten unter der Woche einen schönen Abend organisieren? Es kostet vielleicht etwas mehr Mühe, aber es ist toll, den Arbeitstag mit einem romantischen Abend ausklingen zu lassen – ohne Kids! Wetten, dass du am nächsten Tag noch produktiver bist?

TRAUMORT: PARIS

Für mich ist Paris im wahrsten Sinne die Stadt der Liebe, denn hier bin ich meinem langjährigen Freund begegnet. Als ich wegen eines Praktikums in der Stadt war, habe ich abends beim Ausgehen einen gut aussehenden Brasilianer getroffen. Wir sind schnell ins Gespräch gekommen. Und was als Urlaubsflirt begann, hat sich schnell zur großen Liebe entwickelt! Er ist mit mir nach Belgien gezogen – der Rest ist Geschichte ... Romantischer Abend oder nicht: Folgende Orte in Paris solltest du unbedingt aufsuchen!

MOOD MATCH
Die **Stadt der Liebe**, die romantischste Stadt der Welt ...

HOME AWAY FROM HOME
PLAZA ATHÉNÉE
25 Avenue Montaigne, 75008 Paris
www.dorchestercollection.com/en/paris/hotel-plaza-athenee
Das Plaza Athénée ist eines der bekanntesten Hotels der Stadt – auch dank Carrie Bradshaw und einer ganzen Reihe anderer Prominenter. Der Preis für den Aufenthalt ist nicht ohne, **aber dafür bekommt man eine einmalige Aussicht auf den Eiffelturm und exzellenten Service obendrauf.**

LES BAINS
7 Rue du Bourg l'Abbé, 75003 Paris
www.lesbains-paris.com
Dieses noch ziemlich neue Hotel begeistert mit **einer Mischung aus Alt (historische Fassade und Balkone) und Neu (moderne Zimmer mit Plexiglas und Sichtbeton und einer coolen Bar).** Erwähnenswert sind auch die Badezimmer mit großer gefliester Dusche und – mit ein wenig Glück – Aussicht auf die romantischen Gassen. Besser geht nicht!

3 MUST-DOS
1 CRÊPE A DAY — LULU LA NANTAISE
67 Rue de Lancry, 75010 Paris
www.facebook.com/lululanantaisecreperie
Wer an Paris denkt, denkt an Crêpe! Lulu La Nantaise ist mein Lieblingslokal für den besten französischen Pfannkuchen — mit warmen Äpfeln und Crème fraîche oder Nutella. **Das urgemütliche Lokal liegt mitten in Le Marais**, dem nettesten Viertel der Stadt! Ideal, um den Sonntag in Paris einzuläuten …

ERST EINE BRÜCKENTOUR UND DANN — KONG
1 Rue du Pont Neuf, 75001 Paris
Wird dir die Umgebung rund um den Jardin des Tuileries und den Eiffelturm zu touristisch (was rund um die Uhr der Fall ist), **dann kannst du einige nicht weniger sehenswerte, aber deutlich weniger überlaufene Brücken besuchen** wie Pont Royal, Pont Neuf sowie Pont des Arts (meine Lieblingsbrücken!). Sogar an wolkenverhangenen Tagen gelingen hier perfekte Fotos … Auf der Suche nach einem einmaligen Restaurant? Das Kong, in dem (schon wieder) Carrie Bradshaw das peinlichste Date ihres Lebens erlebte, ist schon wegen der tollen Aussicht einen Besuch wert (und wegen der japanischen Gerichte ☺).

CAFÉ AU LAIT IN EINEM WINZIGEN LOKAL — 10 BELLES
10 Rue de la Grange aux Belles, 75010 Paris
www.tenbelles.com
Ich muss zugeben, dass das Kulinarische für mich häufig im Mittelpunkt steht. In Paris hat man den Eindruck, in einem Film zu sein, egal, was man macht — als spielte man die Hauptrolle in einem alten französischen Spielfilm. Das gilt sogar für die obligatorische Kaffeepause! *Petits cafés* gibt es wie Sand am Meer, nur leider sind die meisten von Touristen völlig überlaufen, was bedeutet: schlechter Kaffee für sehr viel Geld. Ganz anders das 10 Belles in Le Marais: **Hier ist alles köstlich und frisch. Es empfiehlt sich, frühzeitig zu kommen**, damit die Auswahl noch groß ist.

ESSENSTIPP
ESCARGOT AUX CASSIS FRAIS — DU PAIN ET DES IDÉES
34 Rue Yves Toudic, 75010 Paris
www.dupainetdesidees.com
Ich mag Paris auch deshalb so sehr, weil die Stadt die Patisserie liebt. Das ist jetzt vielleicht eine gewagte Aussage, aber Du Pain et Des Idées ist der beste Bäcker der Stadt. Von Pain au chocolat bis Croissants: Alles wird traditionell hergestellt und schmeckt köstlich. Mein Geheimtipp: Escargot aux cassis frais — ein rundes Kaffeegebäck aus leichtem Blätterteig mit Frischkäse und Beeren. Sagenhaft!

TAKE IT HOME
FRENCH STYLE — FRENCH TROTTERS
(mehrere Filialen)
www.frenchtrotters.fr
Wer auf das beliebte Merci als Mitbringsel lieber verzichten möchte, der findet hier bestimmt passende Alternativen: von nostalgischen Items wie kuschelweichen Decken über Hamam-Handtücher und handgefertigte Haarbürsten bis Parfums und französischen Klassikern wie bretonischen Hemden und auch Sneakers.

FRENCH FLOWERS – BLEUET COQUELICOT
10 Rue de la Grange aux Belles, 75010 Paris
www.bleuetcoquelicot.fr

Wer nach einem Kaffee im 10 Belles noch mehr old school braucht, sollte dem Nachbarn einen Besuch abstatten – dem nettesten Blumengeschäft der ganzen Stadt. Ob Winter oder Sommer, die Auswahl ist immer genau auf die Jahreszeit abgestimmt. Und wie so häufig in Paris: Fassade und Außenbereich sind einfach zu fotogen, um sie zu beschreiben … ☺

„

Eleganz ist die einzige Schönheit, die niemals verblasst.

AUDREY HEPBURN

BASIS

Es ist der Lichtblick an den längsten Tagen des Jahres (wenn du bei Dunkelheit aufstehst und bei Dunkelheit von der Arbeit zurückkehrst): Urlaub! Vergiss die Deadlines, langen Staus und endlosen Diskussionen mit deinen Kollegen. Im Urlaub ist jeder Moment des Tages *pool time* **und du hast endlos Zeit für Cocktails, Eis und natürlich einen herrlich anstößigen Urlaubsflirt.** Und das alles in engen Outfits, die deine hart erarbeitete Bikinifigur zeigen.

MOODS & STYLING-TIPPS

Mood	*Style it!*
AM STRAND GAMMELN	**BADEMODE VON ADRIANA DEGREAS**
Was in deinem Koffer niemals fehlen darf? Super vorteilhafte Badesachen. Es ist wirklich nicht leicht, den richtigen Badeanzug oder Bikini zu finden, der die jeweiligen Körperstellen akzentuiert – oder kaschiert. Sobald du ihn aber gefunden hast, wirst du nichts anderes mehr tragen wollen. Für mich ist das der Badeanzug von Adriana Degreas – der mit den Katzenohren: LOVE!	
SONNENSCHUTZ	**SONNENBRILLE VON DIOR & HUT VON EUGENIA KIM**
Die größte Herausforderung im Urlaub: den Sonnenschutz ernst zu nehmen, ohne sich vollkommen neurotisch von Kopf bis Fuß zu verhüllen. **Für jemanden wie mich, der mit einer sehr hellen, sprich empfindlichen Haut „gesegnet" ist, sind Oversized-Sonnenbrillen und Hüte unerlässlich.** Und was Letztere angeht: Exemplare in einer pfiffigen Farbe oder mit einer witzigen Message sind meine Favoriten. Wenn man im Urlaub nicht mehr fröhlich sein darf, wann dann?	
SLICK 'N SLIDE	**POOL-SLIDES VON GIVENCHY**
Flip-Flops werden wahrscheinlich immer beliebt bleiben, aber ihre einstige Vormachtstellung wurde mittlerweile von den Pool-Slides gebrochen. **Letztere bieten etwas mehr Halt und passen zu fast jedem Strandoutfit, egal, ob Badeanzug, Bikini, Kaftan, Maxikleid oder Short.** Wer knapp bei Kasse ist, der entscheidet sich einfach für die blauweiße Variante von Adidas.	

BADEMODE TIPPS & TRICKS

Ein toller Bikini oder Badeanzug im Sommer ist Pflicht und kein anderes Kleidungsstück weckt so starke Assoziationen mit Urlaub, Meer und weißen Stränden. Doch die Suche nach dem richtigen Teil, das deine Bikinifigur optimal zur Geltung bringt und gleichzeitig deine „Schwachstellen" kaschiert, ist eine echte Herausforderung und kann sogar in Stress ausarten. ☺ Eigentlich suchst du aber nur ein Exemplar, das zu deinem Körper passt und deine Schokoladenseiten akzentuiert.

1. **Kleiner Busen → dreieckige Cups**: Wer einen kleinen Busen hat, entscheidet sich am besten für einen Bikini mit weichen dreieckigen Cups. Meine Favoriten: die gehäkelten Exemplare – für den perfekten *tropical boho vibe*.
2. **Kurzer Oberkörper → gebunden im Nacken**: Ein Bikini oder Badeanzug, der im Nacken zugebunden wird, lässt den Oberkörper länger wirken, da die Aufmerksamkeit auf den Nacken gelenkt wird. Nette und sexy Variante: Choker Neck.
3. **Kurze Beine → uni**: Farben und bunte Muster eignen sich ausgezeichnet für Bademode, wer aber kurze Beine hat, sollte auf einfarbige Teile setzen. Ideal sind Neonfarben, da sie einen sonnigen, fröhlichen Eindruck machen – und Bräune besser zur Geltung kommen lassen.
4. **Breite Hüften → taillierter Badeanzug oder hoch sitzender Bikini**: Wer breite Hüften hat, der sollte sich für einen eng anliegenden Badeanzug oder ein hoch sitzendes Bikinihöschen entscheiden, das die Taille akzentuiert. Zu langweilig? Dann bietet sich ein Badeanzug mit tiefem Rückenausschnitt oder Ausschnitten an strategisch interessanten Stellen an – oder ein Bikinihöschen mit gewellten Rändern oder Mustern.

BEAUTY

HAARE

Trockenshampoo ist der beste Freund eines jeden Urlaubers. Denn wer will schon stundenlang im Badezimmer stehen, wenn unten der Pool lockt? Ein gutes Trockenshampoo sollte möglichst wenig chemische Zusätze enthalten und keine weißen Spuren hinterlassen (schlimm!). Noch eine gute Nachricht: Trockenshampoo macht Haar voluminöser und sorgt dafür, dass man sich weniger oft die Haare waschen muss – ein Must-have!

MAKE-UP

Im Urlaub verwende ich immer **nur wenig Make-up**: Eine dünne Schicht BB Cream und ein wenig Rouge genügen in der Regel. Ich informiere mich auch gerne über die **lokalen Make-up-Gewohnheiten** und nehme Tipps aus dem Urlaub mit nach Hause, zum Beispiel von meiner brasilianischen Maniküre (ihre Nagellackmethode: die Haut neben den Nägeln mit einfärben, damit keine Stelle am Nagel frei bleibt, und anschließend mit Remover korrigieren) oder aus Thailand die *snail masks* (Geheimtipp!).

BEAUTY-PRODUKT NR. 1

Wegen meiner sehr hellen, empfindlichen Haut habe ich panische Angst vor einem Sonnenbrand: **Lichtschutzfaktor 50+** ist deshalb für mich mein wichtigstes Urlaubs-Beauty-Produkt! Die beste Wahl: ein **Bio-Produkt** oder eine Sonnencreme, die speziell für Kinder entwickelt wurde. Denn die enthalten oft weniger Schadstoffe.

GRÜNE-HAARE-ALARM

Flashback: Während einer Geschäftsreise nach Dubai vor einigen Jahren bin ich morgens noch kurz in den Hotelpool gesprungen, um zu entspannen und mich so auf den anstrengenden Tag mit Fotoshootings und Meetings

mit Kunden vorzubereiten. Als ich total entspannt in mein Zimmer zurückkehrte und in den Spiegel blickte, war ich völlig entsetzt: Meine Haare waren ... grün?! Waaaah?! Yep, es stimmt: Blondes Haar kann auf Chlorwasser reagieren und grün werden (und damit meine ich nicht ein bisschen grün, sondern so richtig). Nach etwas – panischer – Internetrecherche war mir klar, was man tun kann, um so etwas zu vermeiden oder – wenn es bereits zu spät ist – wieder zu beheben:

1. **Vor dem Poolgang die Haare anfeuchten.** Das verhindert, dass sich die Haare mit Chlorwasser vollsaugen.
2. Da wir die verheerenden Folgen der Sonne für unsere Haut kennen, schützen wir sie mit Lichtschutzfaktor SPF 50, vergessen dabei aber häufig unsere – ebenfalls empfindlichen – Haare. Produkte, die Haare vor Sonne und Wasser schützen, gibt es jedoch genug. Deshalb: **Immer erst die Haare mit schützendem Spray einsprühen, bevor es zum Strand oder Pool geht**.
3. Wenn es schon zu spät ist: **einfach eine Aspirintablette oder etwas Magensalz in Wasser auflösen und über die Haare gießen**. Den Vorgang so lange wiederholen, bis die grüne Farbe verschwunden ist. Gut auswaschen, Pflegespülung aufbringen und niemand wird jemals erfahren, dass du mal ein Laubfrosch warst.

FASHIONISTA HANDGEPÄCK

Da ich seit Jahren auf Geschäftsreisen unterwegs bin, sollte man meinen, ich könnte mittlerweile ohne Probleme einen kleinen Koffer packen, der nur die Dinge enthält, die ich vor Ort wirklich benötige – aber von wegen! **Dafür liebe ich meine Garderobe viel zu sehr.** So endet das Ganze meistens mit einer Reisetasche, in der auch die netten Pumps mit Ananas-Print, das nicht gerade sehr praktische, aber so niedliche Metallic-Röckchen und meine kuschelwarme Wollweste Platz finden. Tja! Das mit dem Handgepäck klappt aber gut – **dank der praktischen Liste mit Dingen**, die mir endlos lange Flüge und noch längere Wartezeiten an Flughäfen etwas angenehmer gestalten:

1 / FASHION
Ich friere sehr leicht, vor allem in Flugzeugen, in denen die Klimaanlage meist zu kalt eingestellt ist. **Deshalb habe ich immer warme Kaschmirsocken und meine übergroße Wollweste** der belgischen Marke LN Knits im Handgepäck dabei. Wenn ich die Weste nicht anziehe, dann dient sie mir auch mal als Decke oder Kissen. Außerdem packe ich immer extra Unterwäsche ein – für den Fall, dass mein Koffer mal wieder irgendwo einen ungeplanten Zwischenstopp einlegt.

2 / BEAUTY
Der wichtigste Teil meines Handgepäcks, um zu vermeiden, dass der Urlaub mit schlechter Stimmung beginnt, wenn das Gepäck verloren geht. Deshalb enthält mein Handgepäck immer kleine Verpackungseinheiten meiner Lieblingspflegeprodukte (Anweisungen für Handgepäck beachten!):

ESTÉE LAUDER STRESS RELIEF EYE MASK
Diese Augenpads mit Aloe vera und Gurke bringe ich meistens kurz vor der Landung an. Zehn Minuten einziehen lassen, genügt, sie sind einfacher im Handling als eine klassische Gesichtsmaske.

NEUTROGENA-REINIGUNGSTÜCHER
Während Flügen trage ich wenig Make-up. Wenn ich mich aber frisch machen will, verwende ich immer diese praktischen Reinigungstücher, die auch für empfindliche Haut geeignet sind.

KIEHL'S MIDNIGHT RECOVERY CONCENTRATE OIL
Die Luft an Bord von Flugzeugen ist meistens extrem trocken. Deshalb ist es sehr wichtig, der Haut vor, während und nach dem Flug Feuchtigkeit zuzuführen. Dieses Gesichtsöl zählt zu meinen Lieblingsprodukten, da es so angenehm duftet und schnell einzieht.

EMBRYOLISSE LAIT-CRÈME CONCENTRÉ – GESICHTSLOTION
Da der Platz im Handgepäck nun mal begrenzt ist, kommen für mich nur Kombiprodukte infrage. Auf dem Terrain ist diese Creme unschlagbar, denn sie dient nicht nur als Primer, sondern auch als Feuchtigkeitsspender und Make-up-Entferner!

CHANEL – COCO MADEMOISELLE TOUCHE DE PARFUM
In Flugzeugen riecht es oft unangenehm (manchmal wird mir richtig schlecht von dem Geruch des Essens oder auch, tja, meiner Nachbarn ☺). Für solche Fälle habe ich eines meiner Lieblingsparfums im Handgepäck, um mir und meiner Umgebung einen angenehmen Duft zu verpassen.

GUERLAIN SUPER LIPS LIPPENPFLEGE
Wieder so ein Kombiprodukt: Es schützt die Lippen vor dem Austrocknen, verleiht ihnen auch etwas Farbe und meinem Gesicht damit mehr Ausdruck.

LA MER – PROTECTING FLUID SPF 50
Das wichtigste Pflegeprodukt in meinem Handgepäck. Denn für mich ist Sonnenschutz unerlässlich. Kurz vor der Landung trage ich diese Pflegecreme auf, sodass sie auch sicher schützt, wenn die ersten Sonnenstrahlen meine Haut berühren (übrigens immer ein sehr schöner Moment!).

3 / SNACKS

Als waschechter Foodie kann mich das Essen, das an Bord von Flugzeugen serviert wird, wenig begeistern (Understatement des Jahres!). Deshalb habe ich meistens nahrhafte Snacks dabei wie Trockenobst, Nüsse und Quinoa-Granola-Riegel.

4 / EXTRAS

Ein einfacher, aber essentieller Tipp: Transportiere deine Geräte (Laptop, Handy, Aufladegerät, Kabel, USB-Sticks etc.) immer in einer separaten Tasche. So bleibt alles schön beieinander und du musst nicht groß danach suchen … Das Gleiche mache ich mit meinem Pass – der ist in einem knallrosa Täschlein: schnell zu finden, wenn ich ihn brauche.

3 THINGS TO DO TODAY

Wer kennt das Gefühl nicht, wenn man nach einem langen Winter zum ersten Mal wieder den Frühling spürt? Man öffnet das Fenster und zack … auf einmal ist sie da, die Lieblingsjahreszeit. Schon wegen dieses einmaligen Gefühls will man den Winter nicht missen, so unangenehm er auch sein mag. ☺ Und da die Sinne jetzt besonders geschärft sind, heißt es: raus ins Freie! Neues hören, sehen, schmecken, spüren und riechen! Damit ist schon mal klar, worum es bei meinen sommerlichen Must-dos geht …

SOMMERFESTIVAL!
Sommerurlaub bedeutet Open-Air-Musik!
Da ich einen brasilianischen Freund an der Seite (*they got the rhythm* ☺) und ein Faible für Musik und Tanz habe, war es nur eine

Frage der Zeit, das Coachella Music Festival in Palm Springs zu besuchen. Eine unvergessliche Erfahrung, nicht zuletzt dank des Überraschungsauftritts von Rihanna, der ziemlich beeindruckenden *guest list* (Beyoncé und Schwester Solange sind feste Gäste) und der kalifornischen Sonne. Zum Glück finden auch anderswo tolle Festivals statt, es gibt also keine Ausrede, keines davon zu besuchen.

SPONTANER ROADTRIP
Wenn du, wie ich, gerne unterwegs bist, dann ist ein Roadtrip genau das Richtige für dich! Schließlich ist der Sommer nicht dazu da, auf dem Sofa vor dem Fernseher zu versauern. Ganz im Gegenteil: Es ist die Zeit, um wie Thelma & Louise loszuziehen. **Einfach ohne Ziel und unbeschwert ins Auto (oder in ein altes Cabrio!) steigen und beim Hören von Klassikern zur Ruhe kommen** – *just cruisin'* ...

SOMMERFRÜCHTE GENIESSEN
Ich liebe den Sommer auch wegen all der Früchte so sehr. Erdbeeren, Ananas, Nektarinen, Pfirsiche, Wassermelone, Beeren: An heißen Tagen bin ich regelrecht süchtig danach. **Frische Früchte als Nachtisch sind wunderbar erfrischend.**

SUMMER'S HERE!
GEGRILLTE ANANAS MIT KOKOSSAHNE

- 250 ml Kokosmilch
- ein paar Tropfen Vanilleextrakt
- 5 TL Rohrohrzucker
- 1 Ananas, geschält
- Saft von ½ Limette
- ein paar Minzeblätter
- 1 Handvoll Nüsse, fein gehackt (optional)

Die gekühlte Kokosmilch aus dem Kühlschrank nehmen und in 10 Minuten Zimmertemperatur annehmen lassen. Dann Kokosmilch mit Vanilleextrakt und etwas Zucker (Menge nach Belieben) verquirlen, bis die Milch eine cremige Konsistenz hat (es ist ganz normal, dass sie nicht

so fest wird wie Sahne). Kalt stellen und währenddessen die Ananas zubereiten.
Den Grill vorheizen und die Ananas in 2 cm dicke Scheiben schneiden. Diese auf beiden Seiten leicht mit Zucker bestreuen und dann 2–3 Minuten je Seite grillen. Die Scheiben anschließend mit Limettensaft beträufeln und mit Kokossahne, Minze und Nüssen (für etwas mehr Biss) garnieren.

INSPO KIT
FARBE
Türkis und Weiß: Farben, die deine Bräune schön zur Geltung bringen. Und im Urlaub ist es nicht schlimm, wenn dein Outfit am Ende des Tages nicht mehr schneeweiß ist. Das sind dann wieder Alltagssorgen ...

MATERIAL
Leichte Popeline, weiche Baumwolle und Leinen sind ideal für den Sommerurlaub. Und wer will schon in der schönsten Zeit des Jahres synthetische Stoffe an seinem Körper kleben haben!

DUFT
Weiße Blüten vermitteln mir immer ein Urlaubsgefühl. Genauso wie die Düfte von Mutter Natur: Meeresluft und frisches Obst. **Kein Wunder, dass sich all diese Düfte auch in meinen SANUI-Duftkerzen wiederfinden;**

sie begleiten mich auf meinen Reisen und machen jedes Hotelzimmer persönlicher und gemütlich. Als hätte ich immer ein Stück Zuhause dabei ... ☺

STILIKONE
SIENNA MILLER
Wie niemand sonst verkörpert sie den ultimativen Sommersprossen-sonnengegerbte-Haut-und-sonnengebleichten-Haaren-Look und erinnert mich so immer ein wenig an eine andere Stilikone: Brigitte Bardot. Yep, wenn ich Sienna Miller sehe, dann muss ich mich zügeln, um nicht einen Schal in meine Haare zu binden, abgeschnittene Jeans über meinen Badeanzug zu ziehen und endlos in einem alten Cabrio herumzufahren – wie Thelma & Louise eben.

WELLNESSTIPP
Jetlag? Dagegen hilft, sich **frühzeitig auf die neue Zeitzone einzustellen** und am Tag vor dem Abflug früh schlafen zu gehen. **Schlafen während des Flugs ist ebenfalls gut.** Vergiss auch nicht, **ausreichend zu trinken**, um Austrocknung zu vermeiden (sehr viel Wasser und eine gute feuchtigkeitsspendende Creme wie die von La Mer wirken Wunder!). Einmal angekommen, genügt ein **Powernap von etwa 40 Minuten, dann kann es losgehen.** Wetten, dass die Überraschungen der neuen Umgebung dich bis zur Schlafenszeit wach halten!

UND WIESO NICHT MAL ...
... ganz besondere Ledersandalen mit bunten Pompons machen lassen? Ich habe sie in Rio, Rom und auch in Griechenland gesehen, und überall waren sie unwiderstehlich (und bezahlbar!).

TRAUMORT: RIO DE JANEIRO

Wegen meines brasilianischen Freundes und seiner unglaublich netten Familie wird Brasilien immer einen besonderen Platz in meinem Herzen haben. Das Land ist so riesig, dass ich es noch immer nicht ganz entdeckt habe. Wer Brasilien von seiner schönsten Seite erleben will, sollte Rio de Janeiro besuchen. Das Land hat alles: spektakuläre Natur, herzliche Menschen, köstliches Essen und tolles lokales Kunsthandwerk! Ich kehre immer mit einem vollen Herzen (und vollen Koffern) nach Hause zurück und möchte am liebsten gleich wieder hinfliegen.

MOOD MATCH
Schneeweiße Strände, unberührte Natur und sehr viel Sonne.

HOME AWAY FROM HOME
FASANO HOTEL
80 Avenue Vieira Souto, Ipanema,
Rio de Janeiro RJ 22420-002
www.fasano.com.br
Wer den coolen Jaden Smith beim Frühstück trifft, weiß, dass dieses Hotel eine gute Wahl war. ☺ Das Fasano Hotel ist eine tolle Unterkunft bei einem Aufenthalt in Rio – ein Hotel **mit wahnsinnigem Infinity Pool mit Blick auf den Ipanema Beach**, wo Marc Jacobs höchstpersönlich regelmäßig die prachtvollen Sonnenuntergänge genießt. Das Hotel verfügt auch über ein super Spa (ich fand die Gesichtsmaske als Vorbereitung auf den langen Flug genial).

3 MUST-DOS
JARDIM BOTÂNICO & PARQUE LAGE
Rua Jardim Botânico, 1008, Jardim Botânico,
Rio de Janeiro CEP 22470-180
www.jbrj.gov.br
Zweifelsohne meine Lieblingsbeschäftigung in Rio: lange Spaziergänge durch den botanischen Garten. **Gigantische Bananenbäume, malerische Flüsschen und süße Affen, man**

weiß einfach nicht, wo man zuerst hinsehen soll! Tipp: Lass dich mit einem Picknickkorb im Parque Lage nieder, auf den Stufen eines historischen Palasts, umgeben von viel Grün, der meistens erstaunlich ruhig und frei von Touristen ist. Das Paradies!

HUBSCHRAUBERFLUG
Ein Hubschrauberflug über Rio ist nicht gerade eine ganz alltägliche (und erschwingliche) Aktivität, aber das Geld absolut wert: **Du kannst die berühmte Statue „Cristo Redentor" aus der Nähe sehen, die weiße Architektur, das kristallklare Wasser, die Natur und den Zuckerhut … Wie in einem Traum!** Wer die Christusstatue vom Boden aus besuchen will, der sollte dies in den frühen Morgenstunden tun, denn tagsüber ist dieser Hotspot oft überlaufen.

NITEROI MUSEUM OF CONTEMPORARY ART
Rua Presidente Pedreira, 98, Ingá – 24210-470, Niterói – RJ
www.culturaniteroi.com.br
Nicolas Ghesquière wählte dieses futuristische Gebäude als Setting für eine ziemlich denkwürdige Louis-Vuitton-Modenschau, und seitdem bin ich fasziniert vom zeitgenössischen Museum in Niterói. ☺ Es wirkt nahezu surreal, wie dieses Gebäude wie ein Ufo aus den brasilianischen Bergen emporragt. **So sieht man auch eine andere Seite von Rio.**

ESSENSTIPP
FRÜCHTEEIS – MIL FRUTAS
(mehrere Filialen)
www.milfrutas.com.br

Im Land der Kokosnüsse ist es nicht ganz einfach, die beste Köstlichkeit zu benennen, aber das Eis von Mil Frutas ist auf jeden Fall ein heißer Anwärter! Für alle Sorten wird frisches lokales Obst verwendet (z. B. Guave und auch Kokosnuss) und man darf so viel kosten, wie man will. **Sogar Einheimische stellen sich hier gerne in die Schlange, und das will was heißen ...**

TAKE IT HOME
BUNTE KERAMIK – TUM CERAMICA
120 Rua Camerino, Rio de Janeiro
www.facebook.com/tumceramica/
Brasilien ist auch das Land hochwertiger Keramik, und so hält Tum Ceramica ein großes Angebot an handgefertigten Schalen, Tassen und Tellern bereit – alle mit weißer Außenseite und typisch brasilianischen Farben auf der Innenseite. **Das Einzige, das noch schwerer ist, als sich zu entscheiden: der unfallfreie Transport.** ☺

BAMBUSTASCHEN GLORINHA PARANAGUÁ
Rua General Venâncio Flores,
305 loja HLeblon, Rio de Janeiro
www.viafloresmultimarcas.com.br/glorinha-paranagua/
Nirgends auf der Welt habe ich originellere und schönere handgefertigte Clutch Bags gesehen als

die von Glorinha Paranaguá. Immer bunt und ausgefallen, aber nie albern. **Ideal, um dein Urlaubsoutfit noch bunter zu gestalten!**

QUIRKY BIKINIS — ADRIANA DEGREAS
(mehrere Filialen)
www.adrianadegreas.com.br

Da es so viel hässliche Bademode gibt, bin ich in diesem Bereich sehr wählerisch. Aus irgendeinem Grund passen mir die Entwürfe von Adriana Degreas wie angegossen. **Wer meinen Lieblingsbadeanzug (mit Katzenohren!) entworfen hat, der hat bei mir für immer einen Stein im Brett.**

MOOD 9

COSY WINTER TIME

> Kleidung hat keine Bedeutung, bis jemand sie trägt.

MARC JACOBS

BASIS

Wie kalt und dunkel die Wintermonate auch sein mögen, sie zählen dennoch zu meinen Lieblingsmonaten! Die Gründe dafür? Erstens: heißer Kakao vor dem Kaminfeuer (hmmm!). Zweitens: endlos viele Weihnachtsklassiker im Fernsehen. Drittens: viele dekadente Geschenke. Viertens: gemütliches Zusammensein mit Familie und Freundinnen. Und, und, und ... Aus Modesicht muss ich zugeben, dass das Designen von warmen *und* eleganten Outfits eine echte Herausforderung ist. **Aber gut, manchmal sind *comfy & cosy* einfach wichtiger!**

MOODS & STYLING-TIPPS

Mood | Style it!

WARM WÄRMER AM WÄRMSTEN | **DICKE STRICKWAREN & STEPPJACKEN**

Während man sonst unter der Woche für die nötige Kuscheldosis mit der eigenen Katze vorliebnehmen muss, kann man sich im Winter ausleben und **sich von Kopf bis Fuß in mit Fell gefütterte oder gestrickte Dinge hüllen.**

FLUFFY DELIGHT | **MANTEL VON STELLA MCCARTNEY**

Die dunkelsten Tage des Jahres lassen sich besser aushalten, wenn **man sich selbst ein paar schöne Stunden und Dinge gönnt**: eine Mani- oder Pediküre, eine Massage oder einfach ein warmes Bad, ausgefallene Snacks und einen Kunstpelzmantel, in den man sich herrlich hineinkuscheln kann. Erholsames Verwöhnprogramm!

FLYING HIGH IN THE MOUNTAINS | **JIMMY CHOO MOONBOOTS**

Ja, feste Stiefel sind klobig und überhaupt nicht weiblich. **Wer aber im Schnee gut vorankommen will, der kommt um die legendären Moonboots nicht herum.** Als Ausgleich kannst du dir ja dann ein paar Skier von Chanel zulegen …

WIE MAN DIE BLIZZARDS WÄHREND DER FASHION WEEK ÜBERSTEHT

Wer Minustemperaturen nicht gut verträgt, für den sind die Fashion Weeks im Februar nichts. Gerade New York ist berüchtigt für die eisigen Blizzards in den ersten beiden Monaten des Jahres. **Es ist wirklich nicht leicht, elegant zu wirken, wenn sich jedes Stückchen nackter Haut nach höchstens fünf Minuten wie ein Eisklotz anfühlt!** Für mich das große Mode-Mysterium: Influencer, die in Pumps und mit nackten Beinen bei minus 10 °C herumstolzieren. Wie?? Da fallen mir nur zwei Worte ein: *car + driver!* ☺ Auch wenn ich selbst nie so weit gegangen bin, kann ich mir vorstellen, dass es sich anfühlt, als würde man sterben. Zum Glück kenne ich inzwischen ein paar einfache Tricks, um nicht zu sehr zu frieren:

1. **Unterwäsche von Uniqlo Heattech** ist die allerbeste Thermo-Unterwäsche: unauffällig und herrlich warm.
2. Ein gut organisierter **Taxiservice** wie Uber ist ein Lebensretter und sorgt dafür, dass man nie zu lange im Freien herumsteht.
3. Das **Zwiebelprinzip**: viele einzelne Schichten.
4. **Wärmepads**, die man in Taschen und Socken steckt: Sind Hände und Füße warm, ist alles nur halb so schlimm!
5. Ein **Blanket Scarf** ist zeitlos, (ziemlich) elegant und passt zu fast jedem Outfit.
6. Zieh einen **Rollkragenpullover** unter deine Kleidung, am besten in einer auffälligen Farbe wie Rot oder Orange.

BEAUTY

HAARE

Der unangenehmste Nebeneffekt von Wintermützen und Schutzhelmen ist statisches, kraftloses Haar, das um keinen Preis wieder voll werden will. **Die Lösung: Texturspray!**

Eine Mischung aus Trockenshampoo und klassischem Haarspray ohne die nervigen weißen Reste des Ersteren und den klebrigen Nebeneffekt des Letzteren. Also das Beste aus beiden Welten. Einfach etwas auf den Haaransatz sprühen, mit den Händen einarbeiten – und schon ist das Haar wieder schön voll!

MAKE-UP

Zum Winterspaß gehören ein frischer Look und möglichst wenig Make-up – auch weil Foundation und Puder sich nicht wirklich mit Mütze oder Helm vertragen. Widme stattdessen deinen Händen mehr Aufmerksamkeit und **schmücke deine Nägel mit einem Silber- oder Goldmetallic-Nagellack – wie es einer echten Schneekönigin gebührt**.

BEAUTY-PRODUKT NR. 1

An kalten Wintertagen ist eine **feuchtigkeitsspendende Tagescreme** genau das Richtige. So trocknet die Haut nicht aus und ist vor widrigem Wetter geschützt.

3 THINGS TO DO TODAY

Ich zähle zu den Menschen, die immer frieren. Daher sollte ich diese Jahreszeit eigentlich am wenigsten mögen. Trotzdem finde ich sie klasse! Denn ich liebe gemütliche Stimmung und genieße es, mit meiner Katze im Sessel zu kuscheln, unser Zuhause weihnachtlich zu gestalten und, yep, Weihnachtskarten zu verschicken! Alles ganz klischeehaft und traditionell – du weißt also Bescheid. ☺

WEIHNACHTSVORBEREITUNGEN

Der Frühjahrsputz, bei dem das eigene Zuhause für die kommende Jahreszeit gründlich gesäubert und der Kleiderschrank entrümpelt wird, ist allen ein Begriff. Ich finde es jedoch viel wichtiger, das Zuhause auf den Winter vorzubereiten. Denn in keiner anderen Jahreszeit verbringt man so viel Zeit auf dem Sofa – zum Beispiel mit einer Tasse heißem Kakao.

Hier folgen drei Dinge, die ich wichtig finde:
1. **Beleuchtung**: In den Tagen, an denen man morgens in der Dunkelheit zur Arbeit geht und abends in der Dunkelheit zurückkehrt (schrecklich!), sollte es wenigstens in der eigenen Wohnung hell sein. Du kannst die Weihnachtsbeleuchtung schon früh aufhängen, viele Kerzen kaufen (oder selbst herstellen) oder eine Tageslichtlampe aufstellen; die ist zwar nicht schön, aber alles, was den Mangel an Sonnenlicht kompensiert, solltest du in Erwägung ziehen!
2. **Winterdüfte**: Nichts ist stimmungsvoller als eine Wohnung, in der es nach frisch gebackenen Plätzchen duftet. Keine Lust auf Backen und Plätzchen? Dann tut es auch ein Topf mit Wasser und wohlduftenden Gewürzen wie Zimt, Piment, Spekulatiusgewürz, Nelken oder Kardamom, der auf dem Ofen vor sich hin dampft.
3. **Think green**: Keine Lust, das Haus zu verlassen (kalt!)? Hol dir einfach die Natur ins Haus. Kauf neue Pflanzen und natürlich einen Weihnachtsbaum und topf deine Sommerpflanzen um. Dann kannst du mit den Händen in der Erde wühlen, als wäre der Frühling schon da!

X-MAS MODE

Die Weihnachtszeit ist die gemütlichste Zeit des Jahres, aber oft auch ziemlich stressig: Geschenke kaufen, Gerichte für die Feiertage auswählen, ein neues Outfit für die Festtage shoppen und natürlich den größten Weihnachtsbaum kaufen (und heimtragen!). Ganz schön viel zu tun! Deshalb kommen hier meine Tipps, wie man den stilvollsten Weihnachtsbaum der ganzen Nachbarschaft schmückt – eine Sorge weniger!

1. **Lichter und Volumen**: Zuerst die Baumbeleuchtung anbringen. Anschließend verzweigtes und blattförmiges Dekomaterial aufhängen, um den Baum voller aussehen

zu lassen. So kann man den schönsten Schmuck auf die Vorderseite hängen, ohne dass der Baum leer wirkt.

2. **Farbschema**: Entscheide dich für ein bestimmtes Farbschema (wie etwa Gold, Silber und Weiß), von dem du nicht mehr abweichst. Füge höchstens noch ein paar Farbakzente hinzu, die den Baum ganz individuell machen (z. B. rote Minilippenstifte oder grüne Minipumps ☺).

3. **Schmücken**: Der schönste Schmuck kommt auf die Vorderseite, am besten in kleinen Gruppen von zwei oder drei Stück (also nicht alles gleichmäßig über den Baum verteilen!). Der restliche Schmuck ist für die anderen Seiten bestimmt.

4. **Vergiss die Unterseite des Baums nicht.** Ob echter Baum oder Plastikbaum, der untere Bereich ist meistens nicht besonders schön. Deshalb empfehle ich, aus einem Schemel, einer Kiste o. Ä. und einem schönen Tuch eine Art „Röckchen" zu gestalten. So hast du auch noch mehr Platz für Geschenke!

5. **Feinschliff**: Die Baumspitze sollte – im wahrsten Sinne des Wortes – der Höhepunkt werden! Da ich traditionelle Spitzen oder Schleifen nicht so gerne mag, bringe ich ganz oben meistens ganz besonders viele Kugeln an.

WOHLFÜHLGETRÄNK NR. 1

Dreimal darfst du raten, was mein Lieblingswintergetränk ist (Tipp: Ich wohne im Land der Schokolade …). Yep, heißer Kakao, natürlich! Im Bett einen Weihnachtsklassiker anzusehen und dabei diese Köstlichkeit zu trinken, ist herrlich. Es gibt 1001 Varianten, aber diese schmeckt mir am besten.

MANDEL-ZIMT-KAKAO MIT MARSHMALLOWS

- 250 ml ungesüßte Mandelmilch
- 60 g Bitterschokolade (mindestens 75 % Kakao)
- 1 EL ungesüßter Kakao
- 1 TL Zimt
- Marshmallows (optional)

Alle Zutaten (außer den Marshmallows) in einen Topf geben und unter Rühren auf niedriger Stufe erhitzen. In eine Tasse gießen und mit Marshmallows garnieren.

INSPO KIT

FARBE
Schneeweiß natürlich!

MATERIAL
Warme Wolle und Kunstfell, denn es ist kuschelweich (und tierfreundlich!).

COSY WINTER TIME

DUFT
Ein Duft, der an Holzfeuer erinnert: **Tanne** und **Zypresse**.

STILIKONEN
KIM KARDASHIAN
Kim K. hat schon viele denkwürdige Fotoshootings absolviert, aber wer erinnert sich nicht an die Fotos, die Kanye West von ihrer wohlgeformten Rückseite in einem wenig verhüllenden Fellbikini und mit riesigen Schneestiefeln machte? Absolut *over the top*, aber eines muss man ihr lassen: **Es ist nicht jedem gegeben, ein Winteroutfit so verdammt sexy aussehen zu lassen.**

RENÉE ZELLWEGER
In ihr Alter Ego Bridget Jones im gleichnamigen Film kann man sich nur verlieben, denn süßer und natürlicher geht es nicht! Zu meinen Lieblingsszenen zählt die, in der **Bridget ihren** Kommentar zu dem nicht ganz so hippen, aber unwiderstehlichen Weihnachtspullover von Mr. Darcy abgibt, mit dem alles anfängt. Aaah, *the power of fashion …*

WELLNESSTIPP
Wenn es einen in die Berge zieht, ist extra Sonnenschutz (für Haut und Lippen) extrem wichtig. Sogar an Tagen, an denen die Sonne nur wenig scheint, ist ein Sonnenbrand jederzeit möglich. Wer also den bleibenden Schneebrillenabdruck vermeiden will, dem hilft nur eines: ständig eincremen!

UND WIESO NICHT MAL …
… einen traditionellen Weihnachtspullover oder -socken mit dem eigenen Namen stricken? Stricken ist längst nicht mehr altmodisch und entspannt außerdem total. Kurz googeln und schon findet man das ultimative Strickmuster.

TRAUMORT: SCHWEIZER BERGE

Eine meiner frühesten Kindheitserinnerungen ist die, wie ich stundenlang mit meinem Bruder im Schnee herumgetollt bin. Meine Liebe zu den Bergen ist seitdem geblieben. Als ich von Jimmy Choo, einer meiner Lieblingsmarken, zu einem Fotoshooting in den Bergen eingeladen wurde, zögerte ich daher keinen Augenblick: SPF 50+ auftragen, Schneestiefel an und ab auf die Piste!

MOOD MATCH
Gemütlich in einer Skihütte einigeln, während draußen unaufhörlich Schnee fällt …

HOME AWAY FROM HOME
CHALET ZERMATT PEAK
47 Triftweg, 3920 Zermatt
www.chaletzermattpeak.com
Wie soll man dieses Hotel bloß beschreiben? Ich habe hier während der Shootings für Jimmy Choo gewohnt und kann nur sagen,

dass der Begriff „Chalet" da eine völlige neue Bedeutung bekommt. ☺ **Dank der riesigen Fenster und der ausgefeilten Gebäudestruktur fühlt es sich an, als würde man draußen leben** – natürlich mit kuschelwarmen Decken und einer großen Tasse heißem Kakao. Es gibt schlimmere Schicksale, als den Winter so zu verbringen.

3 MUST-DOS
SKIFAHREN!
Ich habe wunderschöne Erinnerungen an unsere Familienurlaube in den Bergen. **Es hat daher etwas Vertrautes und Beruhigendes, wenn sich die täglichen Aktivitäten nur auf das Skifahren beschränken.** ☺ Skifahren zählt meines Erachtens zu den entspannendsten Work-outs überhaupt, und die Bräune und die roten Backen gibt es kostenlos dazu.

APRÈS-SKI – LE GITAN
Bahnhofstrasse 64, 3920 Zermatt
www.legitan.ch
Mindestens genauso schön wie Skifahren ist der Spaß danach! ☺ Mit Glühwein und Raclette oder Fondue wieder schön warm werden gelingt am besten in einem inhabergeführten Restaurant wie Le Gitan. **Keine Hipster hier, sondern nur ehrliche Gerichte in einem klassischen Interieur** (einschließlich Holzvertäfelungen und rot-weiß gestreiften Vorhängen).

SPA & HOT TUB
Gibt es etwas Schöneres, als den Tag mit einer wunderbaren Massage oder einer Entspannungsstunde im Privatjacuzzi zu beginnen oder abzuschließen? **Meinem Körper tut der Wechsel zwischen eiskalter Luft und warmem Wasser immer unendlich gut.** Hmm, ein Muss bei jedem Skitrip …

ESSENSTIPP
GERMKNÖDEL
Diese ursprünglich österreichische Leckerei gibt es heute auch fast überall in den Schweizer Bergen. Von der Textur her lässt sich ein Germknödel am besten mit einem **Hefekloß** vergleichen. **Gefüllt ist er mit Marmelade und serviert wird er meistens mit Vanillepudding oder -sauce.** Genau das Richtige nach einem langen Tag auf der Piste.

TAKE IT HOME
Das Klischee stimmt: **Schweizer Schokolade gehört zu den besten der Welt!** (sorry Belgien … ☺) Wenn du in der Schweiz bist, solltest du daher unbedingt einen kleinen Vorrat Lindt und Toblerone einkaufen. Schon deshalb, um zu Hause den perfekten Après-Ski-Kakao zubereiten zu können – und den Urlaub so noch etwas zu verlängern!

COSY WINTER TIME 115

> Ich mag mein Geld genau da, wo ich es sehen kann ... hängend in meinem Kleiderschrank.

CARRIE BRADSHAW

BASIS

Das kennst du sicher auch: Manchmal würde man am liebsten bei der Polizei anrufen, weil es unglaublich erscheint, was die Kreditkartenabrechnung anzeigt. **Wer hat denn wieder das ganze Geld verbraten?** Tja, leider kommt dann schnell die Erkenntnis: Du selbst warst es, der den neuen Sandalen mit Pompons *und* dem superpraktischen Blender *und* dem handgefertigten Katzenkorb nicht widerstehen konnte. **Dann ist es an der Zeit, in diesem Monat mal auf Teile zurückzugreifen, die bereits in deinem Kleiderschrank hängen.** Die gute Nachricht: Deine eigene Garderobe neu erfinden geht leichter, als du denkst!

MOODS & STYLING-TIPPS

Mood	*Style it!*
R.I.P.	**JEANS VON LEVI'S**

Die größten Designer nennen sie die bedeutendste Mode-Erfindung aller Zeiten: Denim-Jeans! Denim wird mit der Zeit schöner, ist vielseitig und wird in allen möglichen Maßen und Formen angeboten. Wenn du dich aus deinem Kleiderschrank bedienen musst, sind Jeans sicher die beste Wahl.

GOLDEN OLDIES	**RETROSHIRTS**

Seitdem fast jeder Street-Style-Star damit gesichtet wurde, ist es offiziell: T-Shirts mit Aufschriften von altgedienten Rockbands wie Nirvana oder Metallica müssen nicht länger im Schrank bleiben, denn sie sind wieder ganz hip. Beste Kombination: mit der Lieblingsjeans oder einem Bleistiftrock, dann wird das Ganze richtig stylisch.

SNEAK IN SNEAKERS	**BUNNY SNEAKERS VON MINNA PARIKKA**

Originelle Sneakers (mit Nieten, in knalligen Farben, mit auffälligen Mustern oder gar Hasenohren!) zählen zu den Accessoires, mit denen ich meinem Outfit gern eine besondere Note verleihe. Ich kombiniere sie – mit allem. Ja, auch mit Maxi- und Miniröcken und langen Kleidern! **Wer sich von der traditionellen Kombination Kleid oder Rock plus schicke Schuhe verabschiedet, verhindert, dass ein Outfit zu korrekt erscheint.** Es bleibt aber dennoch sehr weiblich und angesagt. Außerdem ist es wunderbar bequem.

MEINE SMART-SHOPPING-REGELN

Eine budgetfreundliche Garderobe zusammenzustellen, ist nicht immer einfach. Doch sind wir nicht alle auch ein wenig wie die Schnäppchenjägerin aus *Shopaholic*? Manchmal ist es doch tatsächlich so, als würden der warme Schal oder die Schuhe mit den goldenen Absätzen unseren Namen rufen. Wenn du bei jedem Einkaufsbummel die folgenden Regeln im Hinterkopf behältst, dann bleibt immer noch etwas finanzieller Spielraum für den impulsiven Einkauf! ☺

1. **Frisur**: Bei der Frisur solltest du nicht sparen. Denn ein schöner Schnitt, der perfekt zu deinem Gesicht passt, lässt jedes Outfit besser aussehen.
2. **Mantel**: Meistens ist dein Mantel das erste (und manchmal einzige) Teil, das andere zu Gesicht bekommen. Investiere deshalb in ein vielfältig kombinierbares Exemplar guter Qualität mit zeitloser Passform.
3. **Wiederverwendung**: Du kannst deine Kleidung das ganze Jahr hindurch tragen. Eine Erweiterung der Garderobe sollte nur mit neuen, sehr trendigen Teilen erfolgen, die deine Kleidung aufwerten.
4. **Accessoires**: Mit einer schön verarbeiteten Tasche, einem ausgefallenen Gürtel, besonderem Schmuck oder einem bunten Schal lassen sich deine Outfits vielseitig variieren. Und das Schöne: Oft sind solche Accessoires nicht mal teuer.
5. **Pflege**: Behandle deine Garderobe so gut es geht. Kleidungsstücke sollte man nicht auf einen Haufen werfen, sondern immer aufhängen. Handtaschen sollten nicht lange auf dem Boden stehen, Schuhe, die nicht getragen werden, gehören in einen Stoffbeutel und Kaschmirpullover in einen speziellen Karton.
6. **80/20-Regel**: 80 Prozent deines Budgets sind für essenzielle Kleidungsstücke reserviert, zum Beispiel einen langen Wintermantel, Jeans, ein weißes Hemd, ein gestreiftes T-Shirt, einen taillierten Blazer, Sweatshirts, Stiefel, Sandalen mit Absatz und Sneakers – natürlich alles von guter Qualität und kombinierbar. Die restlichen 20 Prozent bleiben den Schnäppchen und impulsiven Einkäufen vorbehalten.

BEAUTY

HAARE
Zu einem kreativen Outfit gehört eine kreative Frisur, **also sind heute Fischgrätenzöpfe und ein Dutt angesagt**. Und die nötige Investition? Zeit und Geduld!

MAKE-UP
Make-up ist das Mittel schlechthin, um einem, eh, recycelten Outfit wieder etwas Pep zu verleihen – auf budgetfreundliche Art obendrein. Wenn das Konto eine Investition in hochwertige Pflege- und Make-up-Produkte nicht erlaubt, **dann sollte wenigstens die Basis – deine Hautpflege – bester Qualität sein (keine Parabene!)**. Ergänzen kann man das Ganze mit den vielen erschwinglichen Beauty-Klassikern.

ERSCHWINGLICHE BEAUTY-KLASSIKER
MAYBELLINE FIT ME! FOUNDATION
Eine der beliebtesten – bezahlbaren – Foundations, und das zu Recht. Sie sorgt für ein natürliches und frisches Erscheinungsbild, und kommt ohne den gefürchteten Pudereffekt aus. Es gibt inzwischen Versionen für nahezu jeden Hauttyp!

L'ORÉAL TELESCOPIC CARBON BLACK WIMPERNTUSCHE
Das Angebot an Wimperntuschen ist so riesig, dass es schwierig zu entscheiden ist, welche die Beste ist. Fakt ist, dass dieser Klassiker von L'Oréal selten enttäuscht. Die Pigmentierung sorgt für ultraschwarze volle Wimpern.

MAYBELLINE LIDSCHATTEN EYESTUDIO COLOR TATTOO
Wegen meiner eher trockenen Haut (und vielleicht auch wegen meines Alters – iihhh!) habe ich schon die eine oder andere Falte, was das gleichmäßige Anbringen von Lidschatten erschwert. Dieser Creme-Gel-Lidschatten bleibt erstaunlicherweise stundenlang schön. Und alle verfügbaren Farben lassen sich wunderbar miteinander kombinieren.

BENEFIT COSMETICS HOOLA MATTE BRONZER
In den USA, wo dieser Bronzer herkommt, zählt er zu den meistverkauften. Es gibt nur einen Farbton, aber der soll, wie es heißt, zu jedem Teint passen. Einfacher geht es nicht!

BENEFIT COSMETICS BENETINT LIPPEN- & WANGENFARBE
Noch so ein Hype: Diese Farbe trägt man mit einem kleinen Pinsel auf die Wangen (wirkt wie ein frisches Rouge) oder auf die Lippen (um die eigene Lippenfarbe zu intensivieren) auf.

BURT'S BEES BEESWAX LIPPENBALSAM
Solange ich denken kann, bin ich ein Fan von natürlichem Lippenbalsam, also ist das Ganze für mich schon fast nostalgisch. Wie dem auch sei, Balsam ist die perfekte Basis für jeden Lippenstift.

REVLON COLORBUST BALM STAIN
Eine gute Abwechslung zu normalem Lippenstift ist diese Variante in Stiftform, die Lippenbalsam und Konturenstift in einem ist – mit einem sehr intensiven matten Finish. Und das Schöne: Er hält sehr lang!

BEAUTY-PRODUKT NR. 1
Wenn es ein Beauty-Produkt gibt, mit dem man seinen Look pimpen kann, dann wohl **Lippenstift**! Vergiss nicht, deine Lippen erst mit einem Konturenstift zu definieren (der Farbton darf einen Tick heller sein als der Lippenstift, aber **nie dunkler**), sodass die Lippenfarbe besser zur Geltung kommt.

3 THINGS TO DO TODAY
In den Anfängen von *Fashionata* hatte ich ein sehr kleines Budget. Meine Kleidung kam vor allem aus Vintage-Shops im Internet (stundenlanges Surfen für das eine perfekte Teil!) und von den großen (bezahlbaren) Ketten. Durch meine Lust am Kombinieren und Experimentieren ist es mir gelungen, verschiedene Outfits zu kreieren. Das liebe ich noch heute. ☺ Hier folgen meine ultimativen Spartipps plus ein Rezept, sodass noch etwas Budget für die Stiefel deiner Träume bleibt:

DO IT YOURSELF
In den Monaten, in denen gar nichts mehr geht, lohnt es sich, deine DIY-Fertigkeiten zu aktivieren, um deinen Lieblingsteilen eine individuelle Note zu geben. Dafür musst du nicht mal besonders geschickt sein:

1. **Abschneiden**: Die hipsten Denim-Labels sind die, die Vintage-Jeans ein zweites Leben geben, und zwar ganz originell (und simpel): Hosenbeine (eventuell in ungleicher Länge) abschneiden oder deiner Jeans zum Beispiel mit Rissen oder Löchern Pep verleihen ... Wenn dein Jeans-Stapel abgearbeitet ist, kannst du dir deine Tops vorknöpfen, denn ein Top ist im Nu abgeschnitten!
2. **Chokers**: easy selbst gemacht. Aus einem Satin- oder Samtband kannst du im Nu eine Choker-Kette basteln. Für die Verbindung der Enden bietet sich ein Metallverschluss an, du kannst sie aber natürlich auch einfach zusammenknoten.
3. **Schnürballerinas**: Ballerinas waren eigentlich nie so mein Ding, bis die Varianten mit den Bändern auf den Markt kamen — mit breiten Satinbändern und kontrastierenden Nieten. Du kannst diesen Trend nachmachen, indem du Satinbänder in der gleichen Farbe wie deine Ballerinas (Klassiker in Altrosa und Schwarz sind meine Favoriten!) unter deinen Füßen hindurch nach oben ziehst und um deine Knöchel bindest.

PIMPEN

Da es oft nur Kleinigkeiten sind, die den Unterschied bei Outfits ausmachen, folgen hier zehn einfache Tipps & Tricks, um deiner Garderobe neues Leben einzuhauchen:

1. Binde die **Schnürsenkel** deiner Sneaker einfach mal **um die Knöchel**, statt eine konventionelle Schleife zu machen.
2. Knote **die Jacke oder die Hemdbluse um die Taille** oder häng sie **über die Schulter** – das wirkt casual relaxt.
3. Zieh ein **Retroshirt unter deinen Slip Dress**.
4. Trag eine **dicke Halskette über dem Rollkragenpullover**.
5. Du kannst ein **Tuch an deine Handtasche oder um dein Handgelenk** binden, um etwas Farbe in das Ganze zu bringen.
6. Häng den **Wintermantel um die Schultern**, anstatt ihn zuzuknöpfen.
7. Kombiniere **zwei kontrastierende Farbtöne** (Schwarz/Dunkelblau, Rot/Rosa, Grau/Weiß) zu einem stilvollen Farbmix.
8. Arbeite mit **Schichten** — sowohl bei deiner Kleidung (T-Shirt + Blazer + Jacke) als auch bei deinem Schmuck (Choker + lange Halskette + Statement-Piece).
9. Trage **kurze Socken in Pumps**, dann kannst du sie auch in den Wintermonaten anziehen.
10. Zieh eine Bluse **mit den Knöpfen nach hinten** an und knöpfe sie nicht vollständig zu. So entsteht ein elegantes Rückendekolleté (eventuell geschmückt mit einer langen (Perlen-)Kette.

SCHNÄPPCHEN

Wenn du zu knapp bei Kasse bist, um Schuhe zu shoppen, dann ist **Food** eine sinnvolle Alternative! Deutlich erschwinglicher, aber ebenfalls gut für die Seele. **Am besten frische Zutaten statt Fertigmahlzeiten kaufen** — schmeckt besser und kostet weniger!

PAD THAI
FÜR 1 PERSON

Für die Nudeln
- 50 g Reisnudeln
- Gemüsemix (nach Belieben): Prinzessbohnen, fein gehackter Weißkohl, Frühlingszwiebeln
- 125 g Hühner- oder Quornfilet, gewürfelt
- 1 Ei
- Erdnussöl
- 1 Handvoll grob gehackte Erdnüsse
- 1 Scheibe Limette

Für die Sauce
- 1 TL Knoblauchpulver
- 1 TL Limettensaft
- 1 TL Rohrohrzucker
- 1 TL Sojasauce

Reisnudeln laut Verpackungsangaben garen und zur Seite stellen. Für die Sauce alle Zutaten miteinander vermischen. Das Gemüse waschen. Die Hühner- oder Quornfiletwürfel blanchieren, bis sie fast gar sind. Ei in einer Schüssel verquirlen und Hühner- oder Quornwürfel hinzugeben. Öl in einer Wokpfanne erhitzen, die Hühner- oder Quornwürfel mit dem Ei hineingeben und als Omelett backen. Aus der Pfanne nehmen und zur Seite stellen. Das Gemüse mit der Sauce in die Pfanne geben und unter Rühren garen, bis das Gemüse bissfest ist. Nudeln hinzugeben und gut vermischen. Das Gericht in einen Suppenteller geben und mit dem Omelett (eventuell in Streifen), den Erdnüssen und der Limettenscheibe garnieren.

INSPO KIT

FARBE
Denimblau, denn diese Farbe passt zu allem und kann leicht verändert werden. Zudem: budgetfreundlich!

MATERIAL
Ja… Denim! Und schön weiche **Vintage-Baumwolle** – besser als neue aus dem Laden!

DUFT
Mein Lieblings-Low-Budget-Duftspender: eine Eukalyptuspflanze! Am besten **Eukalyptus** Azura (die bekannteste Sorte), die sich gut trocknen lässt und auch dann duftet. Einmal getrocknet, kann man sie auch in die Dusche hängen, wo sie, durch den Kontakt mit Wasser und Dampf, einen kostengünstigen Spa-Effekt erzeugt.

STILIKONE
M.I.A.
Rapperin und *tough girl* M.I.A. hat den allercoolsten „Girl from the Hood"-Style – die beste Inspirationsquelle für originelle, budgetfreundliche Looks. **Ihr Ghetto-Street-Style ist erfrischend anders: Hoodies, knallige Leggings mit Tigermuster und große Goldketten.** Vielleicht nicht wirklich geeignet für den Büroalltag, aber 100 % echt und somit grundsätzlich top.

WELLNESSTIPP
Kauf lieber weniger, dafür bessere Sachen. Der Erfolg des sogenannten „Kapsel-Kleiderschranks" – in dem sich höchstens dreißig Teile befinden, die regelmäßig getragen werden – hat natürlich auch damit zu tun, dass eine deutlich größere Garderobe entsprechende Anstrengungen erfordert. Deshalb: **jährlich ausmisten und entrümpeln** (mein Drei-Pfeiler-Ansatz dazu: ja, nein und fünf Teile, die einen emotionalen Wert haben ☺). Das, was du nicht mehr brauchst, kannst du spenden.

UND WIESO NICHT MAL …
… den Kleiderschrank deines Freundes „plündern"? Wenn du dein Outfit mit seiner Jeans oder seinem weißen Hemd (für dich oversized) gestaltest, ist das sehr budgetfreundlich. Einfach mit ein paar echt weiblichen Teilen kombinieren, dann checkt er es wahrscheinlich nicht mal!

TRAUMORT: LAS VEGAS

Las Vegas ist eine Welt für sich. Das erste Mal waren wir dort eher zufällig während unserer Reise durch Kalifornien – da dachten wir: ach ja, warum nicht? ☺ Las Vegas ist kitschig, laut, bunt – und man kommt aus dem Staunen nicht mehr heraus. Kurzum: wie in den Kino- und Fernsehfilmen. Nicht lang überlegen, einfach machen!

MOOD MATCH
In der *city of gambling & kitsch* ist ein Vermögen schnell verdient ...

HOME AWAY FROM HOME
BELLAGIO
3600 S Las Vegas Boulevard, Las Vegas, NV 89109
www.bellagio.com

Wer Las Vegas besucht, sollte sich in einem der abgefahrenen Hotels am Las Vegas Strip einquartieren. Mein heimlicher Favorit: **das 36 Stockwerke hohe, italienisch anmutende Bellagio mit seiner berühmten Wassershow und den *rooftop pools*** (tatsächlich Mehrzahl!). Es ist genau so, wie man es sich vorstellt: kitschig, aber sehr unterhaltsam.

3 MUST-DOS
FORUM SHOPS
3570 S Las Vegas Boulevard, Las Vegas, NV 89109
www.caesars.com/caesars-palace/things-to-do/forum shops
Wer sein soeben verdientes Vermögen gut anlegen will (sprich in ein paar neuen Louboutins), für den sind die Forum Shops im Caesar's Palace die richtige Adresse. Das Gebäude ist eine (freie ☺) Interpretation römischen Baustils – einschließlich Säulen, viel Gold und hohen Gewölbedecken. Mal etwas anderes ...

STRATOSPHERE
2000 S Las Vegas Boulevard, Las Vegas,
NV 89104
www.stratospherehotel.com
Noch so ein kitschiges Must-do am Las Vegas Strip ist das Hotel Stratosphere, ein futuristisches Gebäude, das neben einer herrlichen *rooftop-Aussicht* über die Stadt auch einige Aktivitäten wie einen *sky jump* anbietet (nichts für mich). Adrenalinjunkies können sich auch mit einer Art Schleuder in die Tiefe katapultieren lassen oder an einem großen Greifarm hängend die Skyline von Las Vegas von oben bewundern.

NEON MUSEUM
770 N Las Vegas Boulevard, Las Vegas,
NV 89101
www.neonmuseum.org
Meine Lieblingsattraktion in Las Vegas ist diese abgefahrene Ruhestätte für die typischen Neonwerbeschilder der Stadt. Die knalligen Farben der Schilder sind ein tolles Dekor für Fotos, vor allem kurz vor Sonnenuntergang, wenn die Lichter der Stadt angehen. Tipp: Eintrittskarten sollte man möglichst einen Tag vorher kaufen, denn sonst wird es schwer, noch welche zu bekommen.

ESSENSTIPP
BLT BURGER – THE MIRAGE
3400 S Las Vegas Boulevard,
Las Vegas, NV 89109
www.mirage.com
Auch wenn man es vielleicht nicht erwartet, aber in einem der Hotels am Las Vegas Strip gibt es köstliche Hamburger – **von einem Spitzenkoch mit 100 % zertifiziertem Fleisch, frischem Käse und Toppings zubereitet**. Zu diesem Anlass hatte ich mein schickstes Ausgehkleid angezogen, denn ein guter Hamburger ist schon etwas Besonderes!

TAKE IT HOME
KITSCHIGE ANHÄNGER
Ich weiß, dass man so etwas nicht machen sollte, aber, na ja, wir sind ja schließlich in Las Vegas … Ich habe mir einige von diesen **typischen Anhängern** gekauft und verwende sie immer noch – Mini-Eiffelturm, Glitzertorte, knallroter Lippenstift … Natürlich hänge ich sie nicht an meine Tasche, aber zu meinem Schlüsselbund passen sie sehr gut. Ich freue mich immer, wenn ich sie sehe. ☺

MOOD 11

ZURÜCK ZUR NATUR

> Stil ist in erster Linie eine Frage des Instinkts.

BILL BLASS

BASIS

Wenn man wochenlang (monatelang?) von einem Termin zum nächsten rennt, unglaublich viele Eindrücke sammelt, ständig feiert, neue Leute kennenlernt – Stadtleben eben –, dann will man nur noch eines: ab in die Natur. Ob eine längere Reise in die unberührte Natur, ein Wochenende auf einer entlegenen Hütte oder nur ein Waldspaziergang, **all dies hilft dabei, Erschöpfung zu bekämpfen** und die Stadt mit neuem Elan wieder schätzen zu lernen. Und ja, das geht auch stilvoll (sprich, ohne Wanderschuhe ☺)!

MOODS & STYLING-TIPPS

Mood	*Style it!*
LIFE'S A ZOO	**TIERPRINTS**
Eins werden mit der Natur? Am besten geht das mit einem Shirt mit Panther-, Zebra- oder Tigerprint. Die Zeit, da Tierprints uncool waren, ist längst vorbei. Heute sind sie 100 % zeitlos! **Wenn du ein Top oder eine Hose in guter Qualität und mit einem schönen Motiv wählst**, dann wird das niemand komisch finden.	
QUERFELDEIN	**GUMMISTIEFEL VON HUNTER & PARKA**
Es macht wirklich wenig Sinn, die Natur in deinen allerschönsten Schuhen zu erkunden. Gummistiefel sind da schon eher passend. **Es gibt sie in allerlei Ausprägungen, und viele haben einen schönen Schnitt und sind sehr bequem – für ein unbeschwertes Wandern.** Wer auch dem Regen trotzen will, der sollte einen wasserabweisenden Parka wählen.	
VISIBLY INVISIBLE	**RUCKSACK VON CAMOU**
Ein Rucksack in Tarnfarben ist vielleicht nicht besonders modern, aber für dieses Utensil gilt das Gleiche wie für Tierprints: **Stimmt die Qualität, dann ist er sogar total schick und praktisch obendrein**, zum Beispiel zum Mitnehmen von Proviant wie Nüssen und Energieriegeln (und Keksen). Und bitte, wenn sogar die modebewusstesten Street-style-Stars damit rumlaufen, wieso dann nicht wir?	

BEAUTY

HAARE
Pferdeschwanz + **Cap** = praktisch und cool.

MAKE-UP
Total natürlich, natürlich! Wer nicht ganz „pur" losziehen will, der kann getönte Tagescreme verwenden. Aber denk daran: Wenn die Haut (an der sauberen Luft) atmen kann, sorgt das für einen strahlenden Teint …

BEAUTY-PRODUKT NR. 1
Nach einem Tag an der frischen Luft ist ein **guter Gesichtsspray** wunderbar erfrischend. Einfach kurz aufsprühen (mit oder ohne Make-up) und an der Luft trocknen lassen!

SELBST GEMACHTE NATÜRLICHE PFLEGEPRODUKTE
Seitdem ich einmal im Jahr nach Brasilien fliege, um die Familie meines Freundes zu besuchen, bin ich der brasilianischen Obsession erlegen, Pflegeprodukte auf Basis von Avocado und Kokosöl selbst herzustellen. Der große Vorteil eigener Produkte: **Man weiß genau, dass alle Zutaten absolut natürlich und gut für einen sind**. Und budgetfreundlich sind sie obendrein!

LAVENDEL-KÖRPER- UND GESICHTSPEELING
Dieses Peeling zählt zu meinen Lieblingspflegeprodukten. Auch wenn ich Lavendelöl am liebsten verwende, ist es eigentlich egal, welches ätherische Öl du hernimmst. **Ich benutze das Peeling zwei- bis dreimal die Woche, um tote Hautzellen zu entfernen und eingewachsene Haare zu vermeiden.**

- 400 g Rohrohrzucker
- 100 ml Kokosöl
- 15 Tropfen ätherisches Lavendelöl
- 1 Handvoll getrocknete Lavendelblüten

Zucker und Kokosöl mit einem Holzlöffel vermischen. Ätherisches Öl und Blüten hinzugeben und alles gut vermischen. Das Peeling

in einem gut verschließbaren, sterilen Glas aufbewahren (höchstens zwei Monate).

HAFERFLOCKEN-GESICHTSMASKE
Haferflocken würde man vielleicht nicht sofort mit Hautpflege assoziieren, **aber immer wenn meine Haut eine kleine Kur braucht**, etwa nach einer Kältewelle oder einem Fotoshooting mit viel Make-up, **greife ich auf diese hausgemachte Gesichtsmaske zurück** …

- $1/2$ Avocado
- 1 TL Zitronensaft
- 1 EL Apfelessig
- 2 EL Honig
- 20 g Haferflocken

Avocadofruchtfleisch mit einer Gabel zerdrücken oder in einer Küchenmaschine pürieren. Restliche Zutaten hinzugeben und alles glatt pürieren. Die Masse auf das Gesicht auftragen und 20 Minuten einwirken lassen. Abwaschen und die Tages- oder Nachtcreme aufbringen.

PS: Wenn man Haferflocken und Apfelessig durch Joghurt ersetzt, dann lässt sich die Masse auch für die Haare verwenden. Etwa 30 Minuten einwirken lassen (oder eine Nacht lang, wenn dein Haar viel Pflege braucht), mit lauwarmem Wasser auswaschen – schon hast du superweiche Locken!

ROSENREINIGUNGSWASSER
Wenn du, wie ich, eine empfindliche Haut hast und viel unterwegs bist, ist ein gutes Gesichtswasser wahrlich kein Luxus. So fühlt man sich

sogar nach einem langen Flug wieder topfrisch. **Das Gesichtswasser lässt sich übrigens auch als Badezusatz oder vor dem Schlafengehen zum Beträufeln von Bettlaken und Kopfkissen verwenden und duftet herrlich.** Rosenwasser herzustellen ist super einfach!

- 400 ml heißes Wasser
- 1 Handvoll getrocknete oder frische Rosenblätter

Das Wasser über die Rosenblätter gießen, alles abdecken und abkühlen lassen. Anschließend die Rosenblätter entfernen und das Wasser in ein steriles Glas oder eine sterile Sprühflasche füllen.

DIY-HAARMASKE MIT OLIVENÖL

Meine Haare sind nicht einfach und zählen zu den größten Herausforderungen meiner Körperpflege. Sie brauchen leider viel Pflege, obwohl das nie so wirken sollte. ☺ **Um die Haarfarbe frisch und die Spitzen gepflegt erscheinen zu lassen, ist eine wöchentliche Haarkur unabdingbar.**

- 1 Eigelb
- 2 TL Olivenöl
- 1 TL Zitronensaft

Zutaten vermischen und die Mischung auf die Haare auftragen. Haare abdecken und die Kur etwa 20 Minuten (oder über Nacht, wenn nötig) einwirken lassen. Mit lauwarmem Wasser ausspülen und die Haare anschließend mit Shampoo waschen.

3 THINGS TO DO TODAY

Für jemanden, der sehr sinnlich ist wie ich, ist der Rückzug in die Natur nicht nur angenehm, sondern ein Muss. Neben einem durch und durch outdoortauglichen Outfit und einer 100 % natürlichen Pflege folgen hier einige wichtige Naturerlebnisse.

ME, MYSELF & I

Wer kennt das nicht, dieses latente Unwohlsein, das schon seit Wochen in dir schlummert. Du weißt nicht, was es ist und startest Erklärungsversuche (schlechter Tag im Büro, die Jahreszeit, Streit mit dem Freund), aber wahrscheinlich ist es ganz einfach: *you just need a little break.* **Bei mir hilft nichts besser gegen Stress als eine kleine Auszeit in der Natur.** Wann war ich denn das letzte Mal allein, konnte meinen Gedanken folgen und meine eigenen Ideen entwickeln? Genau, viel zu lange her. Eine lange Wanderung mit meiner Lieblingsplaylist auf Endlosschleife + die letzte Vogue + ein riesiges *chocolate chip cookie* + Latte … ein paar Stunden auf einer Parkbank sitzen, frische Luft schnappen in den Dünen … *So needed!*

I'M SINGING IN THE RAIN

Ich weiß nicht, ob es mir peinlich sein soll, aber zu den schönsten Erinnerungen aus meiner Kindheit zählt, dass ich draußen laut gesungen habe. Ob im Wald, am Meer oder nur im Garten, **bei uns wurde immer gesungen.** Einfach so zu singen ist eines der Dinge, die man als Erwachsener meist nicht mehr macht. Im Supermarkt in den Beyoncé-Modus zu schalten ist wahrscheinlich auch keine so gute Idee, aber ganz allein in der Natur (oder im Auto) kann man sich mal voll gehen lassen. Glaub mir, das tut echt gut!

EIN NATÜRLICHER KICKSTART IN DEN TAG

Ohne Frühstück geht bei mir gar nichts. Dann werde ich unleidig (frag mal meinen Freund) und deshalb: Die erste Mahlzeit am Tag ist für mich megawichtig. An manchen Tagen genügt mir Müsli mit frischem Obst und Joghurt oder Toastbrot mit Avocado oder Mandelbutter: Hauptsache nahrhaft und lecker!

CHIA-PUDDING
FÜR 1 PERSON

- 50 g Chiasamen
- 350 ml Mandel- oder Kokosmilch
- 60 g Himbeeren (TK)
- 1 TL Vanilleextrakt
- Honig oder Agavensirup (nach Belieben)

Alle Zutaten vermischen, den Pudding in ein luftdichtes Glas füllen und über Nacht kaltstellen. Morgens ein Topping nach Wahl daraufgeben (ich liebe Walnüsse, Kürbiskerne, Blaubeeren und Granatapfelkerne). Und fertig! ☺

INSPO KIT
FARBE
Erdtöne und **frisches Grün**!

MATERIAL
Segeltuch und **Leder** – robust und wird mit jedem Abenteuer schöner.

DUFT
Die besten Düfte von Mutter Natur, völlig kostenlos: Meeresluft, Gras nach einem Regenschauer, frische Kokosnuss …

STILIKONE
ALICIA KEYS
Seit einem spontanen Shooting ohne Make-up geht die mehrfache Grammy-Gewinnerin **als eine der wenigen Celebritys ohne Make-up** (aber mit ihrem natürlichen Lockenkopf) **durchs Leben**. Ein Mediengag? Ich finde es auf jeden Fall sehr inspirierend und wohltuend. Denn sich zu lieben, so wie man ist – mit allen kleinen Mängeln –, das ist die Basis von allem! ☺

WELLNESSTIPP
Pflegeprodukte mit 100 % natürlichen Zutaten, deren Namen man kaum aussprechen kann, sind viel besser für deine Haut als chemische Produkte. Yes, denn Haut absorbiert alles, was man daraufschmiert (igitt!), also sind solche Produkte das Geld absolut wert.

UND WIESO NICHT MAL …
… **etwas Gutes für deine Nachtruhe tun und mit Tönen aus der Natur einschlafen?** Ich weiß, die alternative Ecke lässt grüßen, aber wenn man sich einmal davon gelöst hat, ist es wunderbar, von schönen Klängen wie Wellenrauschen, Regentropfen oder dem Gesang von Vögeln in den Schlaf begleitet zu werden. Natürlich kann man sich eine professionelle Soundmaschine zulegen, aber es gibt auch zahllose kostenlose Apps, die man nur herunterladen muss (inklusive Wecker!). Einfach – unvoreingenommen! ☺ – ausprobieren!

TRAUMORT: BALI

Wer all seine Sorgen hinter sich lassen will, dem sei ein Aufenthalt auf einer tropischen Insel empfohlen. Unsere Bali-Reise kam zum richtigen Moment nach einer anstrengenden Zeit mit zu vielen Deadlines. Glaub mir, mit dem höchsten Wasserfall des Landes, den wilden Affen und riesigen Reisfeldern vor Augen denkt man keine einzige Sekunde an Arbeit …

MOOD MATCH
Eine tropische Insel mit kristallklarem Badewasser und schneeweißen Stränden: Mutter Natur in Bestform …

HOME AWAY FROM HOME
GOYA BOUTIQUE RESORT
Jalan Bisma, Ubud, Kabupaten Gianyar, Bali 80571
www.goyaboutiqueresort.com
Dieses Resort bietet alles, was man in einem tropischen Paradies erwartet: eine fantastische Lage, köstliches Essen, exzellenten Service, ein erholsames Spa und einen atemberaubenden **infinity pool** mit Blick auf die Berge Balis. Und wer will, **kann hier Koch-Workshops belegen** – eine meiner Lieblingsbeschäftigungen in Ländern, die ich noch nicht kenne!

UBUD VILLAGE RESORT & SPA
Jalan Raya Nyuh Kuning, Pengosekan, Ubud, Kabupaten Gianyar, Bali 80571
www.theubudvillage.com
Etwas abseits mitten in der Natur (mit Affen! ☺). liegt dieses Luxusresort. Hier kann man die beste Küche Balis oder eine Massage genießen, beide mit herrlichem Blick auf den Regenwald. **Erbaut wurde das Resort gemäß traditionellen Feng-Shui-Grundsätzen, damit der Aufenthalt noch entspannter wird.**

3 MUST-DOS
JEEP-TOUR & NUNGNUNG-WASSERFALL
Desa Plaga, Belok/Sidan, Petang, Kabupaten Badung, Bali 80353
Zu Beginn unseres Bali-Aufenthalts haben wir einen Ausflug mit einem Jeep gemacht – ein absoluter Traumstart! Normalerweise ist eine organisierte Tour nicht so mein Ding und erst recht nicht in einem so großen, etwas unbequemen Auto, aber unser Begleiter war beseelt von dem, was er uns zeigte, und so erfuhren wir sehr viel Interessantes und Wissenswertes. **Den denkwürdigsten Stopp legten wir bei den Wasserfällen von Nungnung ein, den höchsten Balis, im Herzen des Regenwaldes.** Unbeschreiblich schön: *please go.*

JATILUWIH RICE TERRACE
Ein Must-do für Foodies & Naturliebhaber (wie mich ☺) sind die berühmten Reisterrassen. **Die typische Landschaft mit den knallgrünen Reisfeldern und Palmen, so weit das Auge reicht**, wirkt so erhaben … Die bekanntesten Terrassen findet man in Tegalalang, eine Touristenattraktion und mir zu voll. Jatiluwih ist die älteste Reisplantage Balis und weniger überlaufen. Wer morgens früh oder kurz vor dem Sonnenuntergang kommt, wenn die Sonne nicht mehr so grell ist, erlebt die Landschaft in einem goldenen Glanz – absolut fototauglich.

SANGEH MONKEY FOREST
Jalan Raya Sangeh, Abiansemal, Kabupaten Badung, Bali 80353
Es gibt zahlreiche Affenwälder auf Bali, aber der hier ist der größte und bekannteste (Touristenattraktion, also ist der frühe Morgen die beste Besuchszeit!). Auch wenn die Affen ziemlich zahm sind, solltest du vorsichtig sein, **denn du bewegst dich schließlich in ihrem Territorium**: einfach den Arm ausstrecken und beruhigende Töne ausstoßen, wenn du dich ihnen näherst. Als Futter akzeptieren sie nur reife Bananen – alles andere werfen sie sofort zurück, denn die Affen sind ziemlich wählerisch! ☺

ESSENSTIPP
MIE GORENG
Ich habe viele Köstlichkeiten auf Bali probiert, aber das traditionelle Mie Goreng mit frischen Nudeln, lokalem Gemüse und Spiegelei ist mein absoluter Favorit. Natürlich habe ich dieses Gericht auch schon mal in Europa gegessen, **aber auf Bali schmeckt es einfach besser – dank der richtigen Gewürze und Kräuter, der schönen Locations und der malerischen Landschaft ...**

TAKE IT HOME
THREADS OF LIFE GALLERY
Jalan Kajeng 24, Ubud, Kabupaten Gianyar, Bali 80571
www.threadsoflife.com
Hier gibt es die schönsten handgefertigten Gegenstände für zu Hause: Matten, Körbe in allen Farben des Regenbogens und Kissen. **Alles aus fairem Handel**, also unter akzeptablen Bedingungen nach traditionellen Methoden hergestellt.

CHEZ MONIQUE JEWELRY
Jalan Hanoman 36, Ubud, Kabupaten Gianyar, Bali 80571
www.chezmoniquejewelry.com
Ich liebe es, während meiner Reisen schönen Schmuck zu kaufen. Bei Chez Monique gibt es eine große Auswahl an Silberringen, Armreifen, Halsketten und Ohrringen. **Wer will, kann auch in einem Silberschmied-Workshop selbst Hand anlegen** – für ganz individuellen Schmuck!

MOOD 12

SPORTY CHIC

"

Wenn du nicht besser als deine Konkurrentin sein kannst, dann zieh dich wenigstens besser an.

ANNA WINTOUR

BASIS

Egal, ob es an den auf Instagram zahlreich geteilten Work-outs des Kardashian-Clans liegt oder an der Tatsache, dass heute jeder weiß, dass Bewegung supergesund ist – noch nie war Sport so beliebt. Und bei all den Zumba-, SoulCycle- und Bauch-Beine-Po-Angeboten ist eines unerlässlich: **das stilvolle Outfit**! Es lohnt sich schon deshalb, sich ein paar schöne Sportteile zuzulegen, weil man sie dank dem Athleisure-Modetrend auch außerhalb von Trainingsräumen tragen kann. Also los!

MOODS & STYLING-TIPPS

Mood	*Style it!*
AUF DIE PLÄTZE …	**ADIDAS EVERYTHING**
Das Tolle an dem Athleisure-Trend ist, dass man nach Herzenslust kombinieren darf. Die besten Basics findet man natürlich bei den namhaften Sportmarken wie Nike und Adidas. Vor allem Letztere erlebt derzeit ein Comeback, nicht zuletzt dank der Kooperation mit supercoolen Persönlichkeiten wie Pharell Williams oder Rita Ora. Eine glänzende Bomberjacke, schwarze Trackpants oder ein einfaches Paar Sneakers von Stan Smith? Alles prima kombinierbar mit einem schickeren Teil für den perfekten casual/chic vibe – denn darum geht es hier doch.	
STARK, ABER NICHT DÜRR	**BOOTS VON BALENCIAGA & MOTO JACKETS**
Sport treiben, um den eigenen Körper zu stärken, ist in Ordnung. Nicht in Ordnung ist es aber, mit seinem Trainingsplan nur ein einziges Ziel zu verfolgen: dünn, dünner, am dünnsten. **Zum Athleisure-Trend gehört auch, den eigenen Körper so zu nehmen, wie er ist**, und ihn zu stärken und fit zu machen. *Strong girls* (inklusive Combat Boots und Moto Jackets) *live longer!*	
KEINE AUSREDEN MEHR	**CAP VON FILLES À PAPA**
Das Must-have für die Tage, an denen man sich als „Sporty Spice" feiern will, ist ein Baseballcap! Dieses einfache Accessoire war nie ganz out und ist heute hipper denn je. **Die Cap ist nicht nur praktisch als Sonnenschutz, sondern lässt sich auch mit dem Schirm nach hinten tragen** – witzig bei Modellen mit einem Print oder einer Botschaft.	

BEAUTY

HAARE
Wenn die Haare während des Work-outs ins Gesicht fallen, ist das lästig. Deshalb: Es leben die Kardashian-*approved* **Boxer Braids**! Es kostet zwar etwas Zeit, sie zu flechten, aber die Braids halten mehrere Tage – und werden von Tag zu Tag schöner.

MAKE-UP
Wenn man stark schwitzt, ist von Vorteil, dass **die Poren automatisch und natürlich gereinigt werden**. Deshalb sollte man sich mit Make-up etwas zurückhalten.

BEAUTY-PRODUKT NR. 1
Wer sich ganz ohne Make-up nicht wohlfühlt, kann auf eine große Auswahl an **komedogenen getönten Tagescremes – die also keine Unreinheiten hervorrufen** – zurückgreifen. Gibt es von deiner Lieblingstagescreme keine getönte Variante? Dann misch unter deine Creme einfach so viel Farbe (mit einer leichten BB- oder CC-Creme), dass der Ton zu deinem natürlichen Teint passt.

FASHION-WEEK-MARATHON

Oft werde ich gefragt, wie ich es schaffe, in **Form zu bleiben. Die Wahrheit ist: Ich absolviere (leider) nicht regelmäßig Work-outs.** Ich würde gerne joggen oder regelmäßig Yoga oder Pilates machen, doch meine Tage sind so chaotisch und voll, dass mir einfach die Zeit dazu fehlt. **Wie ich dennoch in Form bleibe? Mithilfe des Fashion-Week-Marathons!** Was viele Menschen nicht wissen: **Fashion Weeks gibt es fast das ganze Jahr hindurch.** Im Frühjahr in NYC, London, Mailand und Paris, wo die Winterkollektionen vorgestellt werden; im Sommer die Haute-Couture-Modeschauen und im Herbst natürlich die bekannten Shows in allen großen Modemetropolen, bei denen die Sommerkollektionen präsentiert werden. Und zwischendrin gibt es die *pre-seasons* und einige weniger bekannte (aber nicht weniger interessante!) Shows zum Beispiel in Russland oder Brasilien. Und da Mode immer noch meine große Leidenschaft ist, möchte ich keine dieser Shows verpassen. Das heißt? Ich bin das ganze Jahr hindurch unterwegs und hetze von Show zu Show. ☺

VORBEREITUNG
Da ich heute etwas erfahrener bin und **Fashionata** schon eine Weile existiert, habe ich meinen Fashion-Weeks-Kalender etwas ausgemistet. **Ich besuche also nur noch die Shows, die ich partout nicht verpassen möchte. Ansonsten liegt mein Fokus auf Kundengesprächen, neuen lokalen Hotspots und etwas Q-Time mit meinem Team und Freund (am Anfang völlig undenkbar).** Mit den Vorbereitungen geht es schon Wochen vorher los: interessante Marken kontaktieren, Akkreditierungen für die großen Shows beantragen, über interessante Konzepte und Geschichten brainstormen, Hotelzimmer buchen, neue Hotspots vor Ort recherchieren, Outfits und Trends scouten und anfragen, für jede Location einen Look stylen – **und so weiter!** Und dann ist *showtime*: Es geht mit fünf Koffern zum Bahnhof, ab in die Stadt der Liebe …

EIN TAG IM LEBEN: SHOWS, MEETINGS & PARTYS
Und dann ist man plötzlich da, bestens vorbereitet – denkste. Denn schnell wird einem **wieder bewusst: Fashion Weeks lassen sich nicht wirklich vorbereiten!** ☺ Es sind einfach fürchterliche Last-Minute-Shows, mit Anproben, Meetings, Kleidungsstücken, die angepasst werden müssen, mit Schuhen, die einfach verschwinden, und unerwarteten *late night meetings*. Manchmal fühlt man sich total unvorbereitet. Der Beweis dafür: Begleite mich an einem typischen Tag auf die Fashion Week von Paris …

Guten Morgen, Paris

06:00

Mein Wecker klingelt um 6 Uhr, aber meistens bin ich um die Zeit schon längst wach – egal, wann ich ins Bett gekommen bin. Ich habe einfach zu viel Adrenalin im Körper! ☺ Zeit für das Make-up: Für manche großen Shows wie die von Dior überlasse ich mein Make-up einer Visagistin des Hauses, ansonsten kümmere ich mich um meine Haare und das Make-up selbst – damit da nicht zu sehr übertrieben wird.

SPORTY CHIC 147

07:15

Anprobe im Dior-Hauptquartier. Die Modeschau von Dior zählt zu den Höhepunkten der Fashion Weeks, also ist die Spannung groß! Ich trage ein kurzes orangefarbenes Kleid mit schwarzem Rollkragenpullover und schwarzen Stiefeln und die Dior So Real Sonnenbrille.

08:30

Ich wähle meine Outfits für die Shows von heute und morgen aus und gehe zusammen mit meinem Team die *Fashionata*-Postings durch. Schnell noch ein paar Mails beantworten, frühstücken und dann ist es Zeit aufzubrechen!

09:40

Noch kurz mein Outfit wechseln, bevor wir das Hauptquartier verlassen, dann Kaffee trinken und ab zum Fotoshooting für meinen Blog: *business & pleasure* schließen sich nicht aus. ☺

outfit shoots & café au lait

10:30

Unterwegs zu Chloé, der ersten Show des Tages. Ich trage einen warmen Umhang und schwarze Stiefel, ein starker Kontrast zur sommerlichen Stimmung der Show – aber ganz normal, wenn man die Sommerkollektion im Oktober begutachtet. Viele Street-Style-Fotografen sind da (und ja, ich finde es immer noch komisch, mich später auf Vogue.com zu sehen!).

Showtime!

12:00

Zurück zum Hotel, um Fotos zu bearbeiten, die besten auf Instagram zu posten und andere für die *Fashionata*-Post zu selektieren. Wir haben heute auch einen Artikel über den Seitenhieb von *Vogue* in Richtung Blogger geschrieben und sind gespannt auf die Reaktionen!

14:00

Wieder Outfit wechseln, noch schnell das Make-up auffrischen und ab zur Show von Balmain. Ich trage eine enge schwarze Hose, ein durchsichtiges Top, einen rosafarbenen Blazer, schwarze High Heels mit Schnalle und eine Lack-Minaudière – um neben all den Kardashians und Gigi Hadids nicht ganz zu verblassen. ☺

Paris entdecken

16:10

Ein schneller *powernap* von einer halben Stunde, bevor es zur ältesten Bäckerei von Paris geht, wo ein Outfit-Shooting für Chanel ansteht, inklusive herrlichen Escargots aux cassis frais ... Ich trage einen roten Strickpulli, einen grau-blauen Midirock, schwarze Lacklederstiefel und eine Lackleder-Minaudière.

18:00

Zurück zum Hotel, um das Team-Meeting für den nächsten Tag (die große Dior-Modeschau!) vorzubereiten, Locations für ein Last-Minute-Shooting mit The Coveteur zu scouten und die *Fashionata*-Postings zu besprechen.

20:00

Und dann ... *dinner time* im legendären Kaviar Caspia. Jetzt ist ein festliches Outfit angesagt – ein grünes, paillettenbesetztes Top, ein knöchellanger weißer Rock, Balmain-Schuhe und eine bunte Tassel Clutch.

Kaviar & Glitzer

23:00

Noch ein paar Mails beantworten und ab in die Koje. Gute Nacht, Paris ...

3 THINGS TO DO TODAY

Es hat etwas gedauert, bis ich den Nutzen von regelmäßiger Bewegung erkannt habe, aber da sich mein Stoffwechsel im Alter langsam verändert (und angesichts von Trilliarden YouTube-Work-out-Videos!), habe ich es eingesehen. Meine Lieblingsbeschäftigungen: Yoga und Joggen. Beides finde ich sehr entspannend und sie sind nicht ortsgebunden. Folgende drei Dinge machen ein Work-out erst richtig effektiv!

SCHLAF

Es mag sich komisch anhören, aber bei regelmäßiger Bewegung ist eines wichtig ... Schlaf. *Say what?* Es gilt als erwiesen, dass durch unregelmäßiges, nicht erholsames Schlafverhalten eine ganze Reihe von positiven Effekten eines Work-outs wieder zunichtegemacht werden: Jammerschade! Meine Tipps für einen gesunden Schlaf sind einfach:

1. Eine gute Nachtruhe hat ihren Ursprung am Nachmittag. Denn ab etwa 17 Uhr gilt: Getränke wie **Kaffee oder Energydrinks sind tabu**.
2. Besprühe Kissen und Laken deines Betts mit einem beruhigenden, nostalgischen **Duft**.
3. **Schalte dein Handy und andere elektronische Geräte** spätestens eine halbe Stunde vor dem Schlafengehen **aus**.
4. Überleg dir **ein Abendritual, auf das du dich freust**, inklusive extra Kuschelzeit mit deiner Katze, einer Folge deiner Lieblings-TV-Serie, ausgiebigem Duschen und Hautpflege für die Nacht.
5. Kein Mensch schläft gut, wenn die Luft im Zimmer verbraucht ist. **Öffne das Fenster einen Spalt**, damit Frischluft hereinkommt.

ALLES EINE FRAGE DER MOTIVATION

Mit der Zeit hat sich die Erkenntnis durchgesetzt, dass Sport und Bewegung wichtige Bestandteile eines gesunden Lebensstils sind. Sie können aber auch Stress auslösen, und zwar dann, wenn man Sport aus falschen Motiven betreibt. Ziele sind wichtig, die hat jeder, **solange man dabei seinen eigenen Körper im Blick hat**. Die Wahrscheinlichkeit ist groß, dass du niemals einen Kardashian-Butt bekommen wirst, egal, wie viele Kniebeugen du auch machst. Deshalb: Sei einfach mit dem zufrieden, was du tagtäglich erreichst.

TRINKEN!

Es ist kein Geheimnis, dass es zu einem guten und gesunden Work-out gehört, ausreichend zu trinken. Wenn du stilles Wasser auf Dauer zu langweilig findest, dann probiere aromatisiertes Wasser aus, bevor du zu süßen Sportgetränken greifst. Die Vielfalt ist enorm, und Vitamine gibt es kostenlos obendrein!

AROMATISIERTES WASSER

- Brombeeren oder Heidelbeeren + Salbei
- Ananas + Zitrusfrüchte (Orange, Zitrone, Grapefruit)
- Wassermelone + Limone + Minze
- Ingwer + Zitrone

Die ausgewählten Zutaten mit stillem oder gesprudeltem Wasser vermischen und mindestens 2 Stunden in den Kühlschrank stellen. Salbei, Minze oder Ingwer vor dem Hinzugeben mit einem Glas oder Mörser zerdrücken, damit die Aromen sich besser entfalten. Aus gleichem Grund kannst du auch einige Früchte erst zerdrücken oder auspressen.

INSPO KIT

FARBE

Neon! Für sicheres Joggen ist es wichtig, gut sichtbar zu sein. Aber Neonfarben wie Fluorgelb, Froschgrün und Magenta sehen auch gut aus – wenngleich man sich nicht völlig in Neonfarben werfen muss: Ein Teil oder Accessoire in einer knalligen Farbe reicht vollkommen aus.

MATERIAL

Die Zeit, als Sportoutfits knalleng waren und aus nicht atmenden Stoffen bestanden, ist zum Glück vorbei. **Schweißabsorbierend, atmungsaktiv und schnell trocknend sind die wichtigsten Eigenschaften von geeigneten Sportmaterialien**, zum Beispiel leichte Baumwolle oder Viskose.

DUFT
Keinen! **Ein Work-out ist womöglich der einzige Moment, an dem man seinen ganz persönlichen Duft zur Schau tragen sollte.** Denn ein wenig Schweiß ist schließlich der beste Beweis dafür, dass man sich ordentlich anstrengt!

STILIKONEN
KYLIE JENNER
An ihr scheiden sich die Geister, und sie ist sicher keine ganz gewöhnliche Stilikone. Nur, Kylie Jenner hat das gewisse Etwas. **Der jüngste Kardashian-Sprössling hat den Athleisure-Trend auf eine höhere Ebene gehoben** – mit ihren *cropped tops & leggings*. Dass ihr wohlgeformter Po daran auch einen gehörigen Anteil hatte, ist wohl klar.

HADID SISTERS
Kylie's bff's **Gigi & Bella Hadid werden mindestens genauso oft mit wie ohne ihre sportliche Top-Leggings-Sneakers-Kombination gesehen**, und das nicht nur nach einem Work-out. Auch sie haben einen großen Anteil an dem Athleisure-Hype, und dafür können wir diesen Victoria's Secret Angels nur dankbar sein.

WELLNESSTIPP
Die Versuchung ist groß, sich an berühmten Schönheiten zu orientieren, die sich scheinbar mühelos im Nu einen perfekten Körper antrainieren (und aufrechterhalten), aber davon darf man sich nicht blenden lassen. Schließlich kennst du deinen eigenen Körper am besten, **und es ist völlig normal, dass es etwas dauert, ehe man die ersten Resultate der harten Arbeit sieht**. Bis dahin solltest du nicht vergessen, dass auch dein Körperinneres von deinen Schweiß-

orgien profitiert. Denn mit Sport wird man schließlich auch eine Menge Stress los. Es leben die hart verdienten Endorphine!

UND WIESO NICHT MAL …
… über die Komfortzone hinaus denken und **ein völlig neues Work-out ausprobieren**? Hätte jemand vor einigen Jahren gesagt, dass Radfahren in einer Diskothek (SoulCycle) ein weltweiter Hype werden würde, hätte man ihn ausgelacht. Aber **genau die Menschen, die unkonventionell denken, sind es, die am Ende gewinnen**.

TRAUMORT: GRAND CANYON

Wie sehr ich Citytrips auch mag, nichts genieße ich mehr als einen Ausflug in die Natur. Als mein Freund und ich die Chance bekamen, den Grand Canyon zu besuchen, haben wir nicht lange gezögert. Die unglaublich reine Luft und das atemberaubende Panorama ... So etwas vergisst man nie mehr!

MOOD MATCH
Es gibt keine schönere Umgebung für eine anstrengende Work-out-Wanderung als dieses Naturwunder.

HOME AWAY FROM HOME
AMANGIRI
1 Kayenta Road, Canyon Point, UT 84741
www.aman.com/resorts/amangiri
Gut versteckt im Bergmassiv liegt dieses atemberaubend schöne Resort, wo man so richtig zur Ruhe kommen kann. Die Zimmer mit Aussicht auf die prachtvolle Natur sind hypermodern, und der Pool wirkt irgendwie surreal. **Hohe Gebäude mitten in der Natur sind eigentlich nicht so mein Ding, aber das Amangiri scheint eine Einheit mit ihr zu bilden.** *Kind of amazing ...*

3 MUST-DOS
SONNENUNTERGANG
Ein Sonnenuntergang in den weiten Landstrichen des Grand Canyon ist unvorstellbar schön – egal, was du dir vorher vorgestellt hast. **Mein Lieblingsort zum Bestaunen dieses herrlichen Naturschauspiels ist South Rim zwischen Hopi Point und Yavapai Point.** Hier meint man auf dem Dach der Welt zu sein!

WALK WALK WALK
Meine Lieblingsaktivität im Grand Canyon ist Wandern. Der ganze Canyon ist eine atemberaubende Kulisse, aber **den schönsten Blick auf Fluss und Berge hat man am Desert View**, etwa 40 Kilometer von Grand Canyon Village entfernt. Eine Wanderung durch die berühmten roten Berge mit den großartigen Licht- und Schattenspielen ist einfach nur schön.

PICKNICK
In einer derart imposanten Umgebung wie dem Grand Canyon die Picknickdecke auszupacken, ist irgendwie abgefahren, und schon deshalb würde ich sagen: *go for it!* Viele Möglichkeiten, unterwegs einzukaufen, gibt es nicht, **sorge also dafür, dass der Picknickkorb gut bestückt ist**. Und ehe du dich versiehst, sitzt du am Rand des Grand Canyon und naschst Oreokekse *(happened!)*.

ESSENSTIPP
Das Grand-Canyon-Gebiet ist nicht gerade bekannt für kulinarische Highlights, aber in den Restaurants, die wir besucht haben, gab es zahllose gute und nahrhafte Gerichte, die lang satt machen, zum Beispiel Arme Ritter mit Zimt, frisches Granola mit Nüssen, Bauernfrühstück mit Avocado-Beilage, außerdem die größte Auswahl an Energieriegeln, **die ich je gesehen habe**! Meine Empfehlung? Einen ganzen Haufen dieser Riegel für zu Hause bunkern, denn sie sind ausgezeichnete Bürosnacks!

TAKE IT HOME
Ganz ehrlich: die Erinnerung an einen der schönsten Flecken der Erde ...

SPORTY CHIC 155

WHAT'S YOUR MOOD?

Ich habe mit einem Geständnis angefangen und höre auch mit einem auf. *Here it goes*: **Bei mir wechseln die Stimmungen sehr schnell!** Ich denke (hoffe?), dass es zu Gefühlsmenschen gehört, schon beim geringsten Anlass – dem Duft von frischen Kokosnüssen, der Sonne auf der Haut, den ersten Herbstfarben, dem Lieblingslied aus der Jugend, dem ersten Bissen von einem frisch gebackenen Apfelkuchen – von 1001 Gefühlen und Stimmungen überwältigt zu werden. Wahrscheinlich ahnst du es jetzt schon: Bei mir sind an einem einzigen Tag durchaus mehrere Looks angesagt. Versteh mich nicht falsch: Ich wechsle keineswegs fünfmal am Tag mein Outfit (oh, hätte ich dafür bloß die Zeit!), **aber mit ein paar wenigen Handgriffen** (einer anderen Handtasche, Killer Heels statt Sneakers, roten Lippen, einem anderen Jackett) **versuche ich, meinen Look meiner Stimmung entsprechend anzupassen.**

Was an einem *off-day* mit dazu passendem Oversized-T-Shirt und Sweatshirt beginnt, kann sich abends um 180 Grad wenden, wenn ein Treffen mit den *bff*'s ansteht: Cropped Top und Minirock an ... yessss! Wenn du den Sonntag in den eigenen vier Wänden in einem seidenen Pyjama verbringst, kannst du den Abend mit einem straffen Work-out ausklingen lassen. Morgens hauchst du einer alten Jeans durch Abschneiden neues Leben ein (denn: money matters!), um mittags festzustellen, dass das Gehalt etwas früher als sonst auf dem Konto ist. Also kannst du spontan den neuen sexy Slip Dress kaufen, der zu einem romantischen Date führt. Auf den Einkaufsvormittag kann nahtlos das Meeting mit deinem wichtigsten Kunden folgen (den du mit deinem Aufzug natürlich komplett verblüffst).

Yep, das Leben hält viele Überraschungen bereit, wieso sollten deine Outfits dann immer gleich sein? Kombinieren macht viel mehr Spaß! Ich hoffe, dass meine Moods und die dazu passenden Styling Tipps dich inspiriert haben, und gleichzeitig bin ich sehr neugierig auf deine Stimmungslagen.

Gibt es welche, die ich übersehen habe? Wie würdest du deinen Look auf deine Stimmung abstimmen? Ich würde es gerne wissen! Also, wenn du Lust hast, mir das mitzuteilen, oder du wissen möchtest, welches Outfit ich dir zu einer deiner Stimmungen empfehlen würde, dann schreibe mir unter #dressyourmood! Und in der Zwischenzei? *Be proud of your mood swings! And dress your mood!*

Das Gefühl, das mich überkam, als ich mein erstes Buch im Buchladen liegen sah, werde ich nie vergessen. So etwas ganz Persönliches mit der Welt zu teilen, ist schon ein wenig unheimlich, aber es ist auch befreiend und fühlt sich gut an. Es war ein Moment, der zu den schönsten meines beruflichen Lebens zählt. Und jetzt sind wir hier … am Ende meines zweiten Buches! Und wisst ihr was? Ich habe genauso viele Schmetterlinge im Bauch bei dem Gedanken, dass dieses Buch bald auch in deinem Wohnzimmer liegen wird und dir (hoffentlich) als Inspirationsquelle auf der Suche nach deinem eigenen Stil dient – oder auch für dein nächstes Urlaubsabenteuer. Als Bloggerin habe ich einst in der Hoffnung angefangen, Gleichgesinnte zu finden, für die Mode, Beauty, Reisen, leckeres und gesundes Essen und all die anderen schönen Dinge des Lebens eine stetige Inspirationsquelle sind. Wie viel mir es bedeutet, sie gefunden zu haben, lässt sich kaum in Worte fassen. Ihr seid mein wichtigster Antrieb, und ich kann es kaum erwarten, noch viel mehr mit euch zu teilen! Deshalb möchte ich euch allen auch sehr herzlich danken für eure jahrelange Unterstützung, die zahllosen lieben Postings und Mails und die tollen *ladies night's*, die wir zusammen erlebt haben! *You guys are the best!*

Mein Dank gilt auch meinem unglaublichen Team und den *girlbosses* vom Verlag Lannoo: Herzlichen Dank für die vielen Stunden, die ihr mit Brainstormen, Streichen, Schreiben und Neusortieren verbracht habt. Es hat unglaublich viel Spaß gemacht, mit euch zu arbeiten. Ohne euren kreativen Input und das Feedback wäre dieses Buch niemals entstanden!

Meinem Umfeld zu danken, ist weitaus schwerer, denn wo fängt man an? Bei meiner Familie, meinen lieben Eltern, meinem Bruder, meiner Schwägerin, meinen besten Freundinnen? Es gibt so viele Gründe, euch zu danken, aber einer sticht da heraus: Ihr habt mich vor dem Abheben bewahrt und dafür gesorgt, dass ich mich immer auf die wirklich wichtigen Dinge konzentriere. Dieses Buch habe ich während meiner ersten Schwangerschaft geschrieben – ein besseres Symbol für eure bedingungslose Unterstützung und Liebe kann ich mir nicht vorstellen. Ich wüsste nicht, was ich ohne euren Rat, eure Waffeln (thanks, Papa!), Shoppingmittage und 24/7-Standby für Chats und Gossip hätte tun sollen …

Und Marcio? Mein bester Freund und baby daddy: Es gibt 100 000 Gründe, mich bei dir zu bedanken. Man nennt mich manchmal lucky girl wegen meines Jobs, aber was mich echt glücklich macht, bist du. Deine Unterstützung, deine Liebe zu deiner Familie, deine endlose Geduld und Kreativität haben dich zur Liebe meines Lebens gemacht. Wenn unser Baby dich genauso liebt wie ich, dann wird unser Haus bald ein Haus voller Liebe sein, wie ich es immer erlebt habe – dank deiner. *Big kiss, baby!*

Love,
Sofie

IMPRESSUM

Für diese Ausgabe
© Prestel Verlag, München · London · New York, 2018
in der Verlagsgruppe Random House GmbH
Neumarkter Straße 28 · 81673 München

www.prestel.de

Die Originalausgabe erschien bei Uitgeverij Lannoo nv.
unter dem Titel: *Mood of the Day*.

Text & Zusammenstellung:
Sofie Valkiers

Fotos:
Marcio Bastos und Shutterstock.com

Design:
Leen Depooter – quod. voor de vorm.

Deutsche Ausgabe
Projektleitung: Nicola von Velsen
Übersetzung: Jan-Uwe Niklas
Lektorat: Caroline Kazianka
Satz: Paul Post
Projektkoordination: Gerdi Killer, bookwise GmbH, München
Produktion: Friederike Schirge

ISBN 978-3-7913-8444-3

Printed in Slovenia

Der Verlag weist ausdrücklich darauf hin, dass im Text enthaltene externe Links vom Verlag nur bis zum Zeitpunkt der Buchveröffentlichung eingesehen werden konnten. Auf spätere Veränderungen hat der Verlag keinerlei Einfluss. Eine Haftung des Verlags ist daher ausgeschlossen.